가죽벨트가 있던 이발소

가죽벨트가 있던 이발소

박정옥 수필집

수필과비평사

책을 내며

아주 오래 전 교지에 실린 글 한 편이 씨앗이 되었다.
마음 밭에서 세상으로 새싹을 내미는데 걸림돌을 넘지 못해 긴 세월이 걸렸다.
"나 싹이 움텄어요."
고개를 내밀고 보니 너무도 여리다. 몇 번이고 망설이다가 지금 용기를 내지 않으면 더는 자랄 수 없을 거 같아서 한발씩 내디뎌 보려고 한다. 때로는 단 한 구절을 뱉어내지 못해 몇 날을 서성이기도 하고 파종할 씨앗이 단단하지 못함을 자책하기도 한다. 더 열심히 흙을 일구고 씨앗을 갈무리해야겠다.
글을 정리해보니 태어난 양산에서 지금 사는 서울까지 나의 삶이다.
속옷만 입고 있는 것 같은 부끄러움이 물든다. 그러나 나의 속살을 감추면서 허상을 진실이라 말하기 싫다.

나이 듦이 좋다.

바쁨도 없고 욕심낼 일도 없고 그냥 살면서 얻은 작은 경험들로 이젠 무엇을 하든 자유롭다. 그래서 가능할 때까지 사는 이야기를 엮어보려고 한다. 잊혀가는 우리 것들, 소박하지만 아름다운 풍습들, 가슴 따뜻한 이야기를……

끊임없는 사랑과 따뜻함으로 등단과 정진할 수 있게 가르쳐주시고 서평을 써주신 두 분의 선생님께 깊이 감사드립니다.

칼끝 같은 합평을 해주신 문우님들께도 고마운 인사를 전합니다.

묵묵히 나를 인정해주고 지켜봐 주는 나의 두 딸, 귀하고 소중한 승규, 많이 사랑한다.

나의 모든 가족, 언제나 내 편인 우리 동생, 내가 관심 갖는 모두가 살아가는 데 힘이 된다.

끝으로 이 책이 완성되게 해주신 『수필과 비평』에 감사드린다.

2018년 5월
박정옥

차 례

책을 내며

1. 가죽벨트가 있던 이발소

11 · 배달부와 손편지
16 · 가죽벨트가 있던 이발소
21 · 나의 유년시절
26 · 엿쟁이 똥쟁이
34 · 절논 두 마지기
41 · 고향 감나무
46 · 서리하다
51 · 모자반 뒷불알

2. 9회말 2사후

- 59 · 9회말 2사후
- 64 · 아직도 지키지 못한 약속
- 70 · 601병동 53호
- 76 · 날씨와 같더라
- 81 · 배냇저고리
- 86 · 딸의 외박
- 91 · 작별
- 96 · 버리고 버리기
- 100 · 보름밥

3. 그립고 또 그립다

- 107 · 그립고 또 그립다
- 112 · 산수유 꽃이 피면
- 117 · 흰머리는 나이를 모른다
- 121 · 아버지의 지게
- 127 · 엄마의 아미타불
- 132 · 나의 시어머니
- 137 · 애물단지
- 142 · 늦가을과 초겨울 사이

4. 별을 땄어요.

149 · 별을 땄어요
154 · 소확행小確幸
157 · 작은 꽃
160 · 한강변에서 만난 참게
164 · 살아있었구나!
169 · 이게 다 당신 탓
174 · 수도꼭지 고장 났어요?
178 · 피서
182 · 정구지제래기와 심쿵

5. 통도사 홍매화

189 · 통도사 홍매화
193 · 윤필암의 가을
198 · 작은 방 만 원!
205 · 제주에서 만난 이중섭
210 · 한라산에 오르다
216 · 미 서부여행 1
223 · 일본 동경
230 · 하노이 하롱베이
238 · 혼자 떠나보는 여행

1

가죽벨트가 있던 이발소

배달부와 손편지
가죽벨트가 있던 이발소
나의 유년시절
엿쟁이 똥쟁이
절논 두 마지기
고향 감나무
서리하다
모자반 뒷불알

배달부와 손편지

생일날 저녁에 딸아이가 봉투를 내밀었다. 그 속에 현금과 손편지가 들어있었다. 무심한 듯 데면데면한 일상을 지내던 딸에게서 오랜만에 받아본 반가운 편지다. 살갑고 다정한 글에 코끝이 찡하다.

편지를 읽는 동안 방문 옆 작은 액자 속에서 초록색 옷을 입은 또 다른 글이 수줍은 듯이 내다본다. 딸이 고2 때 써준 생일축하 편지다. 우연히 찾아낸 이 편지를 보고는 다시는 이런 편지를 못 받아볼 것 같아서, 보물처럼 액자 속에 넣어서 걸어두었다.

요즘은 우편함을 열어보면 가끔 우표 없는 편지들이 들

어있다. 그래 봐야 카드사에서 온 청구서거나 보험회사나 증권사의 안내문이 대부분이다.

　예전에는 편지에 소식만 있는 것이 아니고 그리움도 있고 반가움도 있고 아픔도 있었다. 우체국을 통해서 편지를 전달해주는 사람을 우체부, 집배원, 배달부 등 다양하게 부르지만 내 고향에서는 배달부라고 불렀다. 그가 커다란 고동색 가방을 자전거에 싣고 딸랑딸랑 소리를 내면서 마을 어귀로 들어서면 들에서 일하던 사람들도 허리를 펴고 일어서서 물어본다.

　"어이 배달부, 우리 편지 있는가?"

　"아저씨, 우리 집에 편지 왔어요?"

　때로는 배달부가 먼저 논밭을 향해 소리쳐 부르기도 한다. 그럴 땐 전보나 등기가 왔을 때다. 그는 마을 대부분 사람을 아는 것은 물론이고 그들의 논밭 위치까지도 알고 있었다.

　배달부는 늘 어른이건 아이이건 할 것 없이 사람 좋은 미소로 인사를 했고 동네 사람들은 친숙한 그를 좋아했다. 특히나 아들을 군에 보낸 부모님, 애인의 사랑편지를 기다리는 젊은 청춘들, 머나먼 이국에 돈 벌러 간 손자의 소식을 애타게 기다리는 할머니, 간절한 마음으로 합격 소식을 기다리는 사람들까지 배달부는 모두에게 가슴 설레는 기다림이었다.

나의 외고모할머니께선 하나뿐인 부모 없는 외손자가 중동으로 일하러 간 후로 사립문이 아닌 동네 어귀에 나와서 배달부를 기다렸다.

어쩌다 손주한테서 편지라도 오면 작은 몸집에 꼬부라진 허리를 하고선 나에게로 오신다. 내가 그 편지를 읽어주면, 눈가 주름 사이에서 눈물을 찍어내시면서 잘 있나고 하느냐며 묻고 또 물어보셨다. 그리고 다음 날 편지지와 봉투를 들고 와선 답장을 써 달고 하셨다. 남의 손을 빌리지만 한 번도 답장하지 않을 때가 없었다. 그 편지 속엔 내가 다 헤아리지 못한 그리움과 보고 싶음 아픔까지도 녹아 있었으리라.

나도 사랑하는 사람이 군에 있던 기간 동안 참 많은 편지를 주고받았다. 행여 나보다 먼저 부모님이 그 편지를 받을까 봐 마음을 졸이면서 배달부가 오는 시간을 계산하고 기다리며 애를 태우기도 했었다. 그 편지들이 그땐 얼마나 소중하던지 번호를 새겨가면서 모으고 간직했었다.

오랜 세월이 흐른 뒤 새로운 집으로 이사했을 때였다. 이 삿짐을 정리하느라 정신이 없는데 어디선가 또랑또랑한 사랑의 노랫말이 들려왔다.

"보고 싶은 그대……."

이 층 올라가는 계단에 앉아서 초등학생이던 딸아이가 나의 연애편지 보따리를 펼쳐놓고 신명 나게 읽는 중이었다.

그때 딸에게 꽥 소리를 지르며 몹시 민망해하던 남편의 표정을 지금도 잊을 수가 없다. 그 후론 가끔 출장을 가서 교육 강사들이 시켜서 의무적으로 보내던 편지마저 받아볼 수가 없었다.

대신 어린 딸들의 고사리 같은 손으로 써주던 사랑편지를 가끔 받게 되었다. 연애편지보다 더 감동을 주던 그 편지들도 아이들이 대학을 가고 나서는 거의 받아볼 수가 없었다.

이메일과 핸드폰의 문자나 카카오톡 때문에 손편지를 주고받는 것은 특별한 일이 되어버렸다.

그토록 애지중지하던 손주 편지를 기다리던 할머니도, 아직도 자전거 소리 딸랑딸랑하면서 편지요! 할 것 같은 그 배달부 아저씨도, 편지로 정을 나누던 나의 소중한 사람마저도 다시는 올 수 없는 먼 곳으로 떠나고 없다.

 이제 나는 우표 붙은 손편지 한 장 올 곳도 없고 사랑의 편지 같은 것은 더더욱 올 리가 만무한데 오늘도 철컹철컹 소리 내는 우편함 뚜껑을 열어본다. 왠지 나비 우표 붙은 가슴 설레는 편지 한 통이 들어있을 것만 같아서.

가죽 벨트가 있던 이발소

 손주 머리를 집에서 몇 번 잘라주다가 장난감을 사준다고 약속하고 미용실에 데리고 갔다. 연신 머리를 내젓고 있는 네 살배기 손주 앞에 휴대폰으로 만화 동영상을 보여주며 온갖 말로서 달래고 어르느라 진땀이 났다. 머리카락 자르는 것이 30여 분이 지나자 손주는 짜증을 내기 시작했다. 그러다 심하게 몸을 흔드니 의자 위에 포개어놓은 미니 의자가 미끄덩하고 밀려난다. 놀란 나는 어린것이 다칠세라 껴안고 다독이며 겨우 머리를 자르고 나오면서 나 어릴 때 머리 자르던 추억을 떠올렸다.
 어릴 때는 엄마가 어깨 위에 보자기를 둘러주고 햇볕 좋은 날 마당에서 머리를 잘라 주셨다. 그러다 초등학교에 다니게 되자 그때부터 이발소에 갔다. 우리나라 최초 이발소는 1901년 인사동에 있던 '동흥' 이발소라고 한다. 하지만 우리 동네에는 언제부터 이발소가 있었는지 모르겠다. 그냥 오래전부터 그곳에 있었던 것만 같았다. 미용실은 20여 리 떨어진 면 소재지에 있었기에 여자인 나도 초등학교 6년 동안은 이발소에서 머리를 잘랐다. 그 시절이 1960년대 중반쯤이다.

 이발소는 마을을 지나는 시작로 옆에 뿌연 민지를 넢어쓰고 아무도 없는 빈집처럼 웅크리고 있다가 일주일에 한두 번 정도 만 시끌벅적했다. 사람이 많이 살지 않은 시골이라 이발사는 다른 마을을 돌아다니면서 이발을 해주다가 정해진 날에만 이발소에서 마을 사람들 머리를 깎아 주었다. 커다란 격자무늬 나무문틀 사이에 유리를 끼운 출입문에는 홈이 파진 철제 손잡이가 반들반들 은빛으로 윤이 났다.
 아귀가 잘 맞지 않은 그 문을 덜커덩 열고 들어가면 벽에는 제법 큰 거울이 붙어있고 그 아래 선반에는 가위며 바리캉, 비눗갑, 작은 양은그릇, 둥근 모양의 거품 솔, 포마

드 기름과 로션 등 이발에 필요한 것들이 나름 정리되어 있었다. 바닥엔 두어 개의 커다란 의자와 세숫대야를 올릴 수 있는 다리가 긴 철재 삼발이도 있었다.

벽에다 못을 치고 걸어둔 갈색의 가죽 벨트는 낡아서 너덜너덜 해져있고 이발사는 그곳에 손잡이가 긴 면도칼을 쓱쓱 문질러서 칼날을 세우곤 했었다. 어린 나는 그 칼날을 보면 움찔움찔 두려움을 느꼈다.

이발사 아저씨는 어른들이 앉는 의자 위에 길고 좁은 나무판자를 올리고 나를 그 위에 앉게 했다. 나는 아저씨의 말에 따라 어깨 위에 꾀죄죄한 천을 두르고 얌전히 앉아서 머리를 조금 숙였다. 살칵살칵 가위 소리가 지루하게 나고 그 소리가 끝날 때쯤이면 목이 아파 고개를 들고 싶은 마음이 간절했지만 이내 아저씨의 손이 나의 머리를 더 아래로 숙이게 누른다. 그리곤 쨀깍쨀깍 쇳소리를 내면서 바리캉이 뒷목을 타고 오른다. 날이 무딘 바리캉이 머리를 집어서 아프고, 또 집힐까 두렵기도 해서 눈물을 찔끔찔끔 흘리기도 했다.

"자~ 이제 다 되었다."

구세주 같은 목소리가 들렸다. 그러나 목소리뿐, 차가운 느낌의 면도칼이 목덜미를 쓰다듬고 있었다. 마지막 마무리다. 있는 힘을 다해 참아냈다. 면도칼을 사용한 것은 단발머리보다 좀 더 세련된 가리야기가 끝나고 있다는 증거였다. 지금은 가리야기란 말을 사용하지 않는데 요즘 상고머리와 비슷한 머리 스타일이다.

 인사를 하고 이발소 문을 열고 밖으로 나올 땐 날아갈 것처럼 기분이 좋았다.

 이발한 요금은 내 기억으로는 일 년에 3번을 준 것 같다. 모든 식구가 필요할 때 이발을 하고 나면 이발사는 장부에 기록해 두었을 것이다. 두 번은 여름과 가을에 타작을 끝내면 보리 한 말과 나락 한 말을 주었고 나머지는 설 대목에 현금으로 주었다. 아마 마을 사람 대부분이 그런 방식으로 이발요금을 지급했던 것 같다.

 요즘은 나 어릴 때와는 반대로 남자아이도 미용실에서 머리를 자른다. 아이뿐만 아니라 성인 남자들도 미용실에서 머리를 다듬는 시대가 된 것이다. 유명 연예인은 물론이고 일반인들도 미용실이 머리를 다듬는 공통장소가 되었다. 예전엔 생각도 못 할 일이다. 이발소 간판에는 붙지 않는 '헤어숍'이나 '헤어디자이너' 같은 외래어들이 이발소

보다 미용실이 더 멋진 머리 모양을 완성해 낼 거라는 기대감 때문인지도 모르겠다.

 지금은 둥근 원기둥에 파랑과 빨강을 사선으로 채색하고 뱅글뱅글 돌고 있는 이발소란 표시등을 보기가 힘들다. 주택가 대중목욕탕이나 후미진 뒷골목에서 어쩌다가 볼 수 있는 아스라한 추억이 되었다. 어쩜 머지않아 이발소 표시등과 함께 이발소가 없어질지도 모르겠다는 생각이 든다.

나의 유년시절

저녁을 먹고 한강 변을 산책을 했다. 서울의 야경이 참 아름답다. 까마득히 쳐다보이는 빌딩도 한강을 가로지르는 다리도 길가의 가로등마저 모두 저마다의 색으로 아름답게 빛나고 있었다. 살기 힘들다고 야단들이지만 그래도 우린 참 편리한 세상에 잘살고 있다는 생각이 든다.

문득 어릴 때 전기도 들어오지 않아 호롱불 밝혀가며 지냈던 기억이 난다, 이제 그 가물가물한 기억의 자락들을 더 잊어버리기 전에 더듬어 보고 싶다.

몇 살 때인지 모르겠다. 짚으로 이엉을 이어 올리고 용마루를 틀어 올린 작은 초가집 마루에서 엄마의 무릎을 베고 누웠다. 천장을 바라보면 검게 그을린 서까래 위로 허연

구렁이가 스르르 지나갔다. 구렁이는 천장뿐 아니라 장독대와 돌담에도 자주 똬리를 틀거나 기어 다녔다. 내가 무서워서 경기驚氣를 하면 어른들은 그것이 집을 지켜주는 영물이라고 괜찮다고 했었다.

겨울날, 나 혼자 방에 두고 엄마가 바깥일을 하면 나는 너무 심심해서 창호지를 바른 격자무늬 문살을 당겨보거나 손가락에 침을 묻혀 문살 틈마다 구멍을 내기도 했다. 벽에는 찢어진 한지 사이로 죽어서 말라붙은 빈대와 빈대 핏자국이 검붉게 묻어 있었다. 마루의 시뻘건 황토벽은 흙이 떨어지고 보리 짚이 삐죽이 보였다. 난 그것을 떼어내고 가끔 흙을 파서 맛보았던 기억이 난다. 비라도 오는 날에는 그 벽에서 황토와 보릿짚 냄새가 뒤섞여서 축축하고 퀴퀴한 냄새가 스멀스멀 올라오기도 했다.

내 유년의 기억에서 처음으로 만났던 친구는 골목 안집에 살던 '이자'였다. 눈이 유난히 크던 그 아이와 이름조차 기억나지 않는 한 살 아래 옆집 남자아이, 우리는 자주 냇가에서 소꿉놀이했다. 돌로 성을 쌓고 방을 만들고 풀잎을 찧어서 음식을 만들고 때론 병원 놀이도 했다. 성냥개비로 주사라며 엉덩이를 찌르기도 했다. 엄마의 연지로 입술 주변을 시뻘겋게 바르고 부엌 아궁이에서 찾은 적당한 숯으로 눈썹을 그리기도 했다. 그렇게 우리는 누가 따로 일러주지 않아도 여러 가지 놀이를 통해 어른 흉내를 내며 놀았다.

그러다 초등학교에 갔다. 엄마는 학교 입학 기념으로 코르덴으로 바지와 상의를 만들어 주셨다. 그 코르덴 상의는 얼마나 오래 입었던지 소매 끝은 말라붙은 콧물로 반질반질 윤이 났다. 그때는 치마저고리를 입고 다니는 친구들이 더 많은 시절이었다. 여름엔 다후다(니일론의 일종)란 천으로 주름 가득 잡은 짧은 치마를 만들어 주기도 하셨다. 난 그래도 신식 옷을 만들어준 엄마 덕에 나름 멋을 냈던 것 같다.

초등학교에 입학한 후 나는 저녁마다 생각지도 못 한 고초에 시달려야 했다. 아버지는 내게 여러 가지 산수 문제를 내어주시곤 당신은 곧바로 잠에 떨어졌다. 내가 그것을 풀다가 까무룩 잠이 들면 언제 깨어나셨는지 여지없이 아버지의 호통과 꿀밤이 날아왔다.

"다 풀어놓고 자라. 아버지 안 잔다. 검사할 거다."

그리곤 다시 코를 드르릉 골면서 깊은 잠에 빠지곤 하셨다. 나는 방바닥에 엎드려서 가물거리는 호롱불만큼이나 위태한 눈꺼풀을 들어올리며 문제를 풀던 생각이 아직도 생생하다. 초등학교를 졸업할 때까지 한 번도 학습전과를 가져 보지도 못했다. 친구들의 전과가 얼마나 부러웠던지, 문제는 스스로 풀어야지 그런 것을 보고 풀면 실력이 안 는다는 아버지 나름의 소신과 사랑 때문이었다.

 학교란 곳은 새로운 세계였다. 처음 알게 되는 여러 가지를 배우기도 했지만, 많은 친구가 생겼다. 그 시절엔 돈을 주고 간식을 사 먹는 일은 극히 드물었다. 아침마다 자기 집 앞에 돈이 떨어져 있다고 하던 친구는, 단감나무가 집 안에 있어 가을이면 등굣길에 단감을 갖고 왔다. 키 크고 달리기도 잘하던 친구는 여물 솥에 쪘다는 수수나 고구마를 갖고 왔다. 친구들이 그런 간식을 치마폭에 둘둘 말거나 주머니에 넣어 와서 불룩하게 표시를 내면 그날 그 아이는 우리들의 우상이 되었다. 어쩌다 생긴 용돈으로 입에 넣고 십 리를 갈 수 있다는 십 리 사탕을(하얗고 단단한 알사탕) 사거나 미제 껌을 사는 날은 한 번만 먹어보자는 친구들이 줄을 서기도 했다. 맘에 드는 친구에겐 그것을 입에 넣어보게 했던 것 같다.

그땐 모든 것이 부족했다. 아이들이 잘 먹고 풍족하게 누리면서 자랄 수가 없었다. 그러나 우리는 불평이나 불만을 표현하지 않았다.

아버지가 밀짚으로 만들어주신 노랗고 반짝거리는 귀뚜라미 집, 헝겊 안에 솜을 넣어 팔다리가 덜렁덜렁했던 엄마가 만든 인형, 십리사탕, 성냥개비주사기, 돌로 쌓았던 우리만의 성, 학교 갔다가 오는 길에 꺾어 먹던 찔레와 송기 이런 것들이 우리를 충분히 행복하게 했다. 지금 이 도시를 황홀하게 밝히는 저 불빛보다 더 아름답고 찬란히 빛나던 밤하늘의 별과 자연의 소리들, 오래도록 그것을 추억할 수 있어서 참 좋다.

엿쟁이 똥쟁이

 시장 입구로 들어서니 시끌벅적한 온갖 소리 틈새로 구성진 각설이 타령이 들려온다. 소리 나는 쪽으로 다가가 보니 초록, 빨강, 노란색의 조각 천으로 덕지덕지 기운 옷을 입은 젊은 광대가 수레 위에 나무 좌판을 올려놓고 녹음테이프 소리에 맞추어 가위질하면서 엿판을 다듬고 있다. 엿판 위에는 누리끼리하고 넓적한 엿 덩어리와 잘게 잘린 조각 엿, 땅콩으로 옷을 입은 엿 등이 널브러져 있었다.
 조심스레 엿판과 엿장수를 쳐다보았다. '요즘도 누가 엿을 사 먹나?' 하는 생각과 함께 잠시 철없던 어린 시절이 떠올랐다.

"아저씨, 몇 개 줄 거예요?"

"어디 보자, 병 한 개는 많이 못 준다. 다른 거 찾아와. 냄비 부서진 거나 숟가락 부러진 거, 하여튼 아무거나 많이 가져와라. 그래야 많이 주지."

아버지가 드셨던 작은 소주병으로는 어른 손가락만 한 엿 한가락이 다였다. 끈적끈적하지 않고 과자처럼 바싹한 엿 한 가락은 내 곁에 바짝 붙어있던 친구와 한입씩 먹고 나니 단번에 없어졌다.

입안에서 침이 괴던 바싹하고 달콤한, 침을 수 없는 그 맛의 유혹에 넘어가서 엄마한테 눈물 콧물이 범벅되도록 혼이 났다. 엄마가 석유병으로 사용하려고 뒤꼍에 간수해 둔 귀한 정종병이 엿 세 가락으로 변해서 내 목구멍으로 넘어갔기 때문이었다. 그때까지도 등잔불을 밝히던 시골 마을이라 석유를 사려면 큰 병을 들고 가게로 가서 기름을 담아 와야 했었다.

그 후로도 가끔 엿장수의 '쟁강쟁강 철썩철썩' 장단 맞춘 가위 소리와 "엿 사요. 엿! 헌 병이나 양은 냄비, 숟가락 부러진 거, 헌 옷, 헌책 아무거나 다 바꿔줍니다." 하는 소리가 동네 골목길에 울려 퍼지면 똥마려운 강아지처럼 온

엿쟁이 똥쟁이 27

집안을 돌아다니며 행여 엿장수가 지나가 버릴까 조바심 내며 고물들을 찾아내곤 했다. 때론 빨랫감으로 둔 아버지 점퍼가, 때론 살강 위에 둔 놋숟가락이 한 가락의 엿으로 둔갑하기도 했다.

그날도 학교를 마치고 친구들과 집으로 돌아오는 길이었다. 학교에서 집까지는 십 리 정도 되는 신작로였다. 신작로라곤 하지만 버스나 트럭은 하루 한 번도 보기 힘든 시골길이다. 길 양쪽으로는 논밭도 있었고 산으로 둘러싸인 곳도 있었다.

그 길은 거칠고도 먼 등하굣길이었지만 때로는 놀이의 공간이 되었고 길에 앉아 책을 펼치면 숙제 장소가 되기도 했다. 여느 때처럼 숙제하거나, 꽃을 꺾어 꽃반지나 꽃목걸이를 만들거나, 풀을 엮어서 올무를 만드는 놀이, 메뚜기나 여치 심지어 개구리까지 잡아서 다리를 흔들며 괴롭히기, 감나무에 올라가 홍시 따기 등 온갖 개구쟁이 짓을 그날은 할 수가 없었다. 찬바람이 쌀쌀하게 불기 시작한 초겨울이라 길옆에는 텅 빈 나뭇가지들과 초록빛 보리 싹을 틔운 밋밋한 계단식 논과 스산한 바람에 떨어져 뒹구는 나뭇잎뿐이었다.

심심하기 이를 데 없는 우리는 발끝으로 길에 있는 돌멩이를 툭툭 차면서 걸어가고 있었다.

- 덜커덕덜커덕, 쟁강 쟁강! -

엿장수 아저씨가 수레바퀴의 굴림소리에 맞추어 가끔 한 번씩 '쟁강쟁강' 가위질을 하면서 맞은편에서 오고 있었다.

"아저씨, 안녕하세요?"

심심한 우리는 멋쩍은 인사를 해 봤다. 물론 엿장수는 우리를 알지 못했다. 그냥 이 근처 사는 초등학생 정도로 알 뿐이었다. '쟁강쟁강' 엿장수는 가위질을 두어 번 하고는 지나쳐갔다.

그때 내게 기막힌 생각이 떠올랐다. 친구들과 의논하고 회심의 미소를 지으며 엿장수와 거리가 어느 정도 멀어지길 기다렸다. 한 오십 보나 멀어졌을까?

"아저씨, 엿쟁이 똥쟁이 고래 엿쟁이. 엿도 한 가락 못 팔고 논두렁 밑에 앉아서 똥만 질질 잘 싸네."

우리는 큰소리로 이 노래를 부르면서 엿장수를 놀렸다. 처음 엿장수는 화가 난 목소리로 우리를 나무랐다.

"야! 너희들이 누군지 다 안다. 너희 다음에 보면 혼난다."

하지만 엿장수의 그 정도 협박에 그만둘 우리가 아니었다. 우리는 다시 엿장수를 놀렸다.

"너희들 요 아래 학교에 다니지? 교장 선생님께 이른다."

놀이에 막 맛을 들인 우리는 그 말이 귀에 들어오지 않았다. 책 보따리를 단단히 동여매고 또다시 큰소리로 외쳤다.

"엿쟁이 똥쟁이 고래 엿쟁이. 엿도 한 가락 못 팔고 논두렁 밑에 앉아서 똥만 질질 잘 싸네. 똥만 질질 잘 싸네."

엿장수는 엿판을 내버려 두고 우리를 향해 뛰어왔다. 이미 예상한 우리는 '다리야, 날 살려라' 하고는 계단씩 논으로 도망쳤다. 높은 계단들을 뛰어넘어서 강아지처럼 할딱거리며 몸을 숨겼다. 구불구불한 시골 계단식 논 어느 계단 아래 숨었는지 찾기가 쉬운 일이 아니란 걸, 더구나 엿장수는 길 복판에 두고 온 엿판 때문에 오랜 시간을 허비할 수가 없다는 걸 우리는 알고 있었다. 그러나 득달같이 쫓아오는 엿장수의 기세를 보니 꼭 잡힐 것만 같아 더럭 겁이 났다. 우리는 논두렁 아래서 죽은 듯이 숨죽이며 쪼

그리고 있다가 해가 지고 어둑해져서야 집으로 왔다.

그 후 한동안은 엿장수를 만날까 봐 늘 마음이 조마조마했는데, 그 겨울 살을 에는 듯한 추위 때문인지 엿장수의 '쟁강쟁강' 하는 가위 소리를 더는 들을 수가 없었고 나는 그 일을 잊고 지냈다.

겨울이 지나고 병아리들이 어미 닭과 거름더미를 헤치며 모이를 쪼고 있던 어느 봄날, 엄마는 마당에서 장대를 받친 줄에 빨래를 널고 난 방에서 숙제하는데 '쟁강쟁강' 엿장수의 가위 소리가 들리는 게 아닌가?

자석에 끌리듯 벌컥 방문을 열고 마루로 나가 나도 모르게 큰소리로 장단에 맞추어 노래를 흥얼거렸다.

"엿쟁이 똥쟁이 고래 엿쟁이. 엿도 한 가락 못 팔고 논두렁 밑에 앉아서 똥만 질질 잘 싸네."

빨래를 널던 엄마가 나를 돌아보시곤 꾸중을 하셨다.

"이 눔의 가시나가 그 기 뭔 소리고? 입 안 다무나."

엄마의 꾸중이 채 끝나기도 전에 가위 소리가 우리 집으로 오고 있었다.

- 쟁강 쟁강 쟁강쟁강.-

아차 싶은 생각에 재빨리 방으로 들어온 나는 두 손을 콩닥콩닥 뛰는 가슴에 붙이고 방구석에 놓여 있는 이불 속에 얼굴을 묻고 벌벌 떨었다.

"아줌마, 방금 나한테 욕한 아이 어디 있소?"

엄마는 아무 소리도 못 들었다고 딱 잡아떼며 거칠게 대꾸했다.

간이 콩알만 해졌던 나는 엄마 말에 용기를 내어 창호지 문에 침을 발라 구멍을 내고 바깥을 살펴봤다. 붉으락푸르락 한 얼굴빛을 하고 당장 방문을 열어볼 것 같은 엿장수와 엄마가 팽팽하게 대립하고 있었다.

"아니, 방금 여자아이가 엿쟁이 똥쟁이 고래 엿쟁이 … 하고 나를 놀리지 않았소?"

"나는 그런 소리 못 들었심더. 설령 그런 말을 했다 해도 아이들이 뭘 안다고, 그 뜻이나 알고 하겠는교? 철없는 아이들 말에 성질 내지 말고 엿이나 한가락 주이소."

아껴둔 정종병 하나와 헌 옷가지를 챙겨서 엿장수에게 건네면서 하시는 엄마 말투는 한결 부드러워져 있었다.

그날 엄마는 아무런 말도 없이 쟁반에 엿가락을 소복이 담아 주셨다. 겁에 질려있던 난 엄마 눈치를 살피다가 얼른 엿 하나를 입에 넣고 깨물었지만, 그 엿은 달콤하고 바싹하기는커녕 찐득하니 이상한 가루 맛만 입안을 감돌았다.

그 후로 엿장수를 놀리는 짓은 두 번 다시 하지 않았다.

엄마 말처럼 그때는 그 뜻을 정말 몰랐지만 지금 생각하니 엿장수에게는 꽤 자존심 상하는 철부지들의 놀림이었다. 친구들도 아직 기억하고 있을까? 어디서 왔는지 유래도 알 수 없이 입에서 입으로 전해지던 그 노래를, 우리의 철없고 즐거웠던 유년을.

절 논寺畓 두 마지기

발 하나 디디면 딱 맞는 좁디좁은 논둑을 조심스레 걸었다.

사방을 둘러보니 논뙈기마다 갈풀을 베어 넣고 잘 잡아둔 물이 봄바람에 일렁거렸다. 물결이 찰랑찰랑 퍼져나가다가 툭 삐져나온 나뭇가지에 걸려서 빙그르르 돌다가 멈칫했다. 논둑 아래를 내려다보니 아득한 높이와 물 동그라미 때문에 현기증이 났다. 정신을 바짝 차리고 물꼬가 트인 곳까지 가보았다. 산에서 흘러내린 물은 보를 따라 논으로 잘 들어오고 있어서 물길을 손보지 않아도 되었다.

논과 맞닿은 산에는 연분홍 진달래가 방싯거리고 나뭇잎들은 짙은 연두색으로 풋풋한 풀 내를 풍겨내고 있었다.

왠지 산나물을 뜯어 가면 엄마가 좋아할 것만 같았다. 취나물이며 꼬치미(고비)를 찾느라 허리를 굽히고 두리번거렸다. 아무리 찾아도 나물이 전혀 보이지 않았다.

'어찌 하나도 보이지 않지? 그전엔 많이 났는데…….'
몹시 아쉬워하다가 잠을 깼다.

마을에 있는 오래된 절寺은 많은 논을 소유하고 있었다. 절에선 소작료를 적게 받기 때문에 마을에선 절 논을 부치는 사람들이 꽤 있었다.

어려서 부모를 한꺼번에 잃고 아무런 재산이 없었던 아버지도 절 논寺畓 두 마지기를 부쳤고 그것은 생계의 바탕이 되는 소중한 땅이 되었다.

그 논에 벼농사를 짓기 위해 아버지는 채 동이 트기 전에 지게를 지고 산으로 가서 풀을 베어 논에다 깔았다. 그렇게 며칠을 하고 나면 다랑다랑한 산답山畓에 풀이 다 깔리게 된다. 겨우내 막혔던 보를 손질하고 쟁기질을 했다. 나는 가끔 아버지를 따라가서 논머리에 앉아서 심부름도 하고 흙장난을 하며 놀았다. 쟁기가 지나갈 때마다 누웠던 흙덩이가 벌떡 일어나 풀잎을 덮어버리고 아버지는 낡은 장화 발로 흙덩이를 저벅저벅 밟으면서 "이랴, 소야!" 하면서 한 번씩 소 이까리(고삐)를 흔들었다. 쟁기질이 끝나면 물꼬를 트고 논두렁을 다시 손보고 써레질을 하여 논바닥을 고르게 했다. 그러고도 틈틈이 부서지지 않은 흙덩이를 부수고 큰 나뭇가지와 돌덩이를 주워냈다. 잔손질까지 하고 나면 어린모가 잘 자랄 수 있도록 며칠 동안 물을 가둬 놓고 성난 흙이 가라앉기를 기다렸다. 흙은 저를 다독이는 물결로 인해 분노를 삭이고 비단처럼 매끈한 모양새로 적당히 단단해진다.

이렇게 다듬어진 논에 어른들은 유월 한 달 내내 품앗이로 또는 식구끼리 모내기를 하면서 그 고단함을 희망 담은 노래로 달래곤 했다.

    모야 모야, 노랑 모야! 너 언제 커서 열매 맺을래?
    이 달 크고 내 달 크고 내 훗달 크면 열매 맺지.

일손이 부족한 철이라 학교에 안 가는 날엔 나도 논둑에서 조작걸음을 옮기며 못줄을 잡고 줄넘기기를 했다. 줄을 넘길 때는 반대편 줄잡이에게 큰소리를 지른다.

"어 이~."

상대가 어른이건 아이건 못줄 넘기는 신호는 '어이'였다. 아이들은 어른에게 해보는 반말 같은 말이 신나서 줄을 빨리 넘기다 혼나기도 했다. 못줄은 어른들만 잡기도 했고 어떤 땐 논바닥에 줄이 감긴 막대를 꽂아 놓고 모를 두 줄 심고 나서 줄을 넘기기도 했다. 못줄엔 적당한 간격으로 모를 심을 수 있게 빨간색 매듭이 달려 있었다.

벼농사의 절반은 한 것 같은 모내기가 그렇게 끝나면 아버지는 여름 내내 논이 마르지 않게 물을 보고, 피* 뽑고 벌레도 잡으며 논두렁의 풀을 벴다. 이른 봄 논에 불잡이를 하고 난 후부터 모를 심고 벼가 익을 때까지는 일손이 부족한 때라 아버지가 논에 가지 못하는 날은 내가 물 보는 일을 해야 했다. 논은 산자락에 붙어있어 멀었고 어린 나는 혼자서 논에 가는 것이 무섭고 싫었다. 아주 가끔은 중간쯤 가다가 집으로 온 적도 있었다. 그런 날은 팔딱이는 가슴을 숨기고 아버지 눈도 못 맞추고 거짓말을 했었다.

"아버지, 논에 물 많이 있던데예. 보로 물도 잘 들어오고……."

---

* 피: 볏과의 한해살이풀. 높이는 1미터 정도이고 잎은 가늘고 길다. 열매는 식용이나 사료로 쓴다.

"이놈의 자식이."

다 안다는 듯 한마디 하시곤 늦은 밤이라도 논에 가서 물꼬를 살펴봤다. 아버지는 온몸을 땀으로 적시며 정성을 다해 벼가 잘 자랄 수 있게 보살폈다.

초가을 벼가 익기 시작하면 논에 물을 빼내거나 더는 대지 않는다. 남은 물기로 낟알은 단단히 여물 수 있고 벼를 거둘 땐 논에 물기가 없어야 하기 때문이다. 그래도 아버지의 발걸음은 여전히 논으로 향했고 살갗은 더욱 검고 거칠어졌다.

"아버지, 이제 물 안대도 되는데 논에는 왜 자꾸 갑니꺼?"

"왜 가긴, 아버지가 안 가면 나락이 안 큰다. 곡식은 사람 발걸음 소리를 듣고 자라는 기라."

아버지는 흐르는 땀을 손으로 쓰윽 닦고 웃으며 말했다.

늦가을, 들논 보다 볕을 많이 받지 못한 산답이지만 그래도 벼는 탐스럽게 익었다. 이른 아침부터 아버지는 숫돌에다 여러 가락의 낫을 정성스레 갈았다. 우리 가족은 점심을 챙겨서 논으로 향했다. 아버지와 엄마는 나락을 베고 나는 메뚜기와 방아깨비를 잡아서 빈 소주병에 담았다. 처음엔 재미가 있었는데 메뚜기가 반병이 넘어가고 소주병 목을 타고 자꾸만 기어 나오려고 할 때 그만 집에 가고 싶었다. 배도 아주 고픈데 아버지와 엄마는 아직도 나락을 베고 있었다.

어느새 해가 넘어가고 어둑어둑해졌다. 건너편 절에서 저녁 석 치는 소리가 들려왔다. "뎅 뎅 뎅~." 긴 여운이 절 골짜기를 울리고 있었다. 나는 고즈넉함 속에서 들려오는 종소리가 무서워 집에 가자고 졸랐다.

그렇게 베어놓은 벼는 잘 마른 후 뒤집어 주어야 하고 단을 묶어서 거두어야 했다. 그리곤 논에 낟가리를 해두었다가 집으로 가져와서 날을 정해 타작을 했다. 이즈음 마을에선 어른이나 아이 없이 볏단을 이고 지고 다녔다. 타작하는 날은 많은 일손이 필요해서 품앗이를 했다. 아버지는 타작이 끝나면 쌓인 나락 가마니를 보며 세고 또 세어 보셨다.

많건 적건 매상할 것을 일정량 두고 나머지가 우리의 일년 양식이 되는 소중한 쌀이 되었다. 그 쌀로 조상제사도 지내고 생일도 챙기는 단 한 알도 허투루 할 수 없는 귀중

절논두마지기 39

한 곡식이었다.

 그 시절 농사짓는 것은 참으로 고달팠다. 그러나 아버지는 한 번도 우리 앞에서 힘들다는 말을 안 했다. 대신 가끔 막걸릿잔을 기울이며 고단함을 달랬다. 그 보잘것없는 산답을 버팀목 삼아 자식을 길러내고 제각각의 삶을 살 수 있는 터를 마련해주셨다. 때론 불같은 성정으로 소리를 지르고 혼을 내기도 했지만 정직하고 부지런했던 아버지의 땀방울이 아버지의 발자국이 내 인생의 지침이 되었다.

 나는 지난밤에 50년도 지난 써레질한 논바닥에 물이 마를까 봐 물 보러 갔다 온 것이다. 해마다 이맘때면 한 번씩 꾸는 꿈이다.

 이제는 산골에서 농사짓는 사람도 많지 않고 남의 논을 부치는 이는 더더욱 없기에 오래전에 그 절 논은 산이 되어서 논이었다는 흔적조차 찾아볼 수가 없다.

 하지만 또다시 꿈을 꾼다면 찰랑찰랑 물 잘 잡힌 빈 논보다는 바지 둥둥 걷고 저벅저벅 발소리 내며 쟁기질하는 아버지를 보고 싶다.

고향 감나무

아파트 뜰에는 수목원 못지않게 여러 송의 오래된 나무가 많다. 창밖으로 보이는 나뭇잎들이 바람과 햇볕으로 매일 조금씩 아름다운 색을 만들어낸다. 그중 유독 붉게 물든 감나무가 눈에 들어온다. 이른 봄, 다른 나무들이 다투어 싹을 틔울 때도 죽은 듯이 있다가 천천히 잎눈을 밀어내던 나무다.

내 고향 양산에는 유난히 감나무가 많았다. 집집이 커다란 감나무 두세 그루는 기본이고 논밭 가에도 몇 그루씩 있었다. 그 시절엔 따로 가꾸지 않아도 감은 잘 열리고 가을이면 꽤 많이 따서 농한기의 소득이 되었다.

어린 시절, 아침 일찍 눈을 비비면서 양은 도시락을 들고 개울을 건너 비탈길을 타고 오르면 돌감나무 여러 그루가 야산 끝자락에 고목으로 서 있었다. 그 아래 참감 꽃보다 작은 돌감 꽃이 밤새 떨어져 비탈진 언덕을 하얗게 덮고 있었다.

친구와 나는 감꽃처럼 하얗게 웃으며 도시락 가득 꽃을 담았다. 감꽃 한 주먹 입안에 넣고 떫은 꽃 맛에서 단물이 날 때까지 씹어 먹기도 했다. 돌감은 다 익어도 너무 떫어 먹을 수 없었지만, 감꽃은 돌감 꽃이 제일 맛있었다. 때론 소꿉놀이 하면서 실에 꿰어 목걸이처럼 걸고 다니기도 하고 밥으로 지칭하기도 했다.

감꽃이 진 자리에 엄지만 한 열매가 생겼고 햇살은 뜨거워졌다. 모내기한 논에는 모들이 튼튼하게 뿌리를 내리고 논물도 햇볕을 받아 따뜻해졌다. 어느덧 감나무에는 아기 주먹보다 작은 풋감들이 댕실댕실 달렸다. 우리는 감나무에 기어오르거나 가지를 휘어잡고 단단하게 여물고 있는 땡감을 따서 논바닥 깊숙이 찔러 넣어 두었다. 며칠 후에 떫은맛이 가신 감을 찾아서 한입씩 베어 물었다. 단맛이 나면 나누어 먹고 떫으면 다시 논바닥에 속에 감추어 두었다.

계절은 언제 그렇게 빨리 지나갔는지 푸르뎅뎅하고 단단하던 땡감들이 곱게 물든 나뭇잎보다 더 빨갛게 변했다. 나무에서 지레 익어서 꿀물같이 다디단 홍시가 툭툭 떨어지면, 지난봄처럼 감나무 아래로 간다. 양은 도시락 대신 싸리 바구니를 들고 홍시를 줍기 위해서…….
바구니 가득 담긴 감은 팔아서 용돈도 벌고 터진 홍시는 손가락에 묻혀가면서 맛있게 먹었다.

"오늘은 감을 따야겠다."
가을이 깊숙이 익어갈 무렵 아버지는 짚으로 엮은 망태기를 바지게에 담아서 지게 위에 올리고 전짓대를 들고 집을 나섰다. 엄마는 자잘한 도구들을 챙겨서 아버지 뒤를 따르고 나도 종종걸음으로 그 뒤를 쫓아갔다.
아버지는 감나무 높은 곳까지 올라가서 감을 땄다. 전짓대 끝에 여린가지를 끼우고 살짝 돌리면 '똑딱' 하면서 가지가 부러지고 장대 끝에는 빨간 감이 대롱대롱 달렸다. 감이 가득 찬 망태기를 아래로 내려 주면 엄마는 감꼭지를 다듬고 나는 상처 난 감을 골라냈다.
감나무가 있던 밭은 신작로 옆이라 지나가는 사람들이

많았다.

"오늘 감 따능교?"

"여기 와서 홍시 하나 묵고 가소."

엄마는 옆으로 골라두었던 잘 익은 홍시 두어 개를 지나가던 낯선 이에게 건네준다. 그리고 그 사람과 세상 이야기를 두런두런 나누기도 하셨다. 아버지도 나무 위에서 이야기 속을 넘나들며 감을 따고 감나무 아래는 그렇게 길손의 쉼터가 되기도 했다.

해가 뉘엿뉘엿 기울어갈 때쯤 아버지 바지게에는 붉은 감이 가득 담겼다.

"아부지, 저기 감이 달려 있는데요. 한 개, 두 개, 세 개……."

" 응. 그건 까치밥이다."

아버지는 감이 담긴 지게를 지고 환하게 웃으면서 말씀하셨다.

대부분의 마을 사람들은 가을을 끝내고 감을 따며 겨울 준비를 했다.

상처 난 감은 감 쪼가리(감 말랭이)를 만들고 제사에 올릴 곶감 몇 줄을 깎고 나선 커다란 항아리에 담아둔다. 겨우내 그 감들을 아랫목에서 익혀 큰 시장(부산)으로 내다 파셨다. 차가 없던 시골이라 함지에 담아서 이고 지고 새벽 찬바람을 맞으며 이십 리 길을 걸어가서 부산 가는 기차를 탔었다.

집 뒤란에 양쪽으로 버티고 있던 감나무들은 집을 넓히느라 예전에 잘려나갔고 들에 있는 감나무는 굳건히 그 자리에 서 있지만, 이제는 감 딸 사람이 없어 나무에서 얼어 버리거나 모두 까치밥이 된 지 오래다.
하지만 아버지 생각이 날 때면 고향 감나무도 함께 떠오른다.

서리하다

요즘은 철없는 과일들이 백화점이나 대형할인점, 동네 구멍가게까지 자리다툼을 하고 앉아 있다. 그중에서도 초록 방석 위에 다소곳이 앉아 주근깨 가득한 얼굴을 붉히고 있는 딸기가 그 향기와 맛이 뛰어나 뭇 사람들을 유혹한다. 딸기가 귀하던 시절에 저질렀던 추억 하나를 고백해야겠다.

경남 양산에서도 배내골 초입에 자리한 고향 마을은 해가 일찍 지고 밤이 길었다. 그 긴 밤을 피 끓는 청춘들은 온갖 장난으로 지냈다. 그중에도 출출한 배를 채우는 서리야말로 최고의 놀이었다. 서리도 계절에 따라 다양하게 이루어졌다.

 겨울밤에는 주로 장독대 큰 항아리 안에 들어있는 먹거리로 팥죽, 동치미, 떡, 홍시, 곶감, 김 등 그 품목들이 이루 말할 수 없이 다양했다. 냉장고가 없던 시절이고 보니 음식을 보관할 때는 대부분 서늘한 곳에 항아리를 두고 그곳에 넣어두었다. 서리를 하려면 언제나 정보가 필요한데 그 정보꾼이 그날 서리할 집의 자녀일 때가 대부분이었다.

"오늘 우리 집에 팥죽 끓였어."

"우와! 맛있겠다. 다 먹었어?"

"아니, 형 휴가 오면 주려고 엄마가 단지 안에 좀 넣어두었어."

 그날 서리는 팥죽이다. 그렇다고 몽땅 다 들고 오는 건 아니다. 고양이 발걸음으로 살금살금 다가가서 뚜껑을 열고 커다란 양은그릇에 담겨있는 팥죽을 절반 정도 퍼온다. 다시 뚜껑을 덮고 그 자리를 벗어날 때까지의 긴장감이란 말로 표현할 수가 없었다. 두 다리가 후들후들 떨리고 심장은 쾅쾅거리고, 때로는 조심스러운 행동에도 불구하고 그릇이 팅~ 하고 부딪쳐서 소리가 나기도 하는데 그땐 방 안에서 "어험, 에취, 누가 왔나?" 등의 말로 다 알고 있으니 적당히 하라는 신호를 보내며 묵인하기도 했다.

　그렇게 해서 가져온 음식을 나누어 먹으면서 밤늦도록 하하거리면서 놀다 보면 친구 엄마는 "이제 늦었으니 가서 자라. 무엇이 그리 즐거운지 웃음 씨를 받아서 돌밭에 뿌려도 나겠다."고 하시면서 집으로 가길 재촉하였다.

　서리는 긴긴 겨울밤에 많이 하지만 여름 방학 때도 많이 한다. 도시에 나가 공부하던 친구들이 고향 집으로 돌아오면 한 달 정도는 여러 가지 놀이로 즐겁게 지냈다.

　저녁을 먹고 삼삼오오 모여서 시냇가 너럭바위 위에 앉아 온갖 이야기를 나누다가 누구네 호박이 벌써 누렁덩이가 되었더라 하면 가마솥 뚜껑을 들고 개울가로 가서 돌로 아궁이를 만들고 호박전을 부쳐 먹었다. 또 누구네 옥수수가 벌써 익었더라 하면 그날은 다 함께 옥수수 하모니카를 불며 즐거워했었다. 어디 이뿐이랴. 감자, 껍질콩, 단감, 고구마 등 우리들의 서리 종류는 헤아릴 수 없이 많았다.

　오랜만에 친구들이 모인 어느 봄날 토요일 밤이었다.

　"저 아래 마을에도 딸기밭이 있더라. 이 골짝에도 이제 딸기 농사를 지으려나 봐."

　"그으래. 어디에?"

우린 친구의 말을 듣고 양은 도시락 하나씩을 들고 딸기 서리를 하기 위해 길을 나섰다. 달빛을 전등 삼아 삼십 분 정도 신작로를 따라 걸은 후 친구가 봐둔 비탈 밭을 향해 오르기 시작했다. 한참을 기어오르다 보니 정말 딸기밭이 나왔다.

"오오, 딸기야 딸기!"

모두 환희의 목소리로 나지막이 속삭이며 딸기 줄기를 들추기 시작했다. 그런데 잘 익은 딸기를 찾을 수가 없었다. 달콤한 딸기 향은 더더욱 맡을 수가 없었다.

"에이, 아직 안 익었잖아."

"그래도 딸기잖아. 한번 먹어보자."

우리는 이제 겨우 초록색을 벗어난 희끄무레한 딸기를 한 주먹씩 따서 먹어봤다. 풋내와 함께 밍밍한 물이 조금 나왔다. 그건 딸기 맛이라고 할 수 없었다. 뿌연 달빛 아래서 하얀 딸기 꽃이 우릴 보며 씨 이익 웃고 있었다.

다음날 읍 소재지 학교에 가기 위해(버스가 자주 다니지 않아 기차역까지 걸어서 갈 때가 많았다.) 그 신작로 길을 걸어가고 있을 때 딸기가 있던 비탈 밭에서 엉거주춤 허리를 굽힌 아주머니의 앙칼진 목소리가 신작로로 뛰어내려왔다.
"세상에 이런 망할 놈들을 봤나. 딸기밭을 다 망가뜨려 놓았네! 익으면 따 처먹든지 하지, 근근이 모종을 구해다 심었는데……새빠질 놈들."
나는 두근거리는 가슴을 안고 아주머니의 욕설보다 더 빠른 걸음으로 그곳을 벗어났다.

모자반 뒷불알

 수돗물을 좌르르 틀어놓고 끓는 물에 살짝 데친 모자반을 씻고 있었다. 모자반 무생채를 만들 참이다. 모자반 줄기를 따라 열매처럼 도로록 달린 작은 공기주머니가 초록빛을 띠고 반짝거린다. 옛 생각이 나서 물 묻은 손끝으로 쭉 훑어서 몇 알을 입안에 넣어보니 터지는 소리가 '톡톡' 입안 가득 바다 향기가 퍼진다.

 유난히 동네 사람들이 많이 모였던 우리 집에는 여러 장사꾼이 들락거렸다. 부유하지 않은 살림살이인데도 엄마는 늘 장사꾼들이 오면 보따리를 펼치거나 쉬어 갈 수 있게 마루를 내어주었다. 날이 저물었을 땐 보리밥이지만 한 끼 먹이고 자고 갈 수 있게 했다.

마루에선 옷 보따리가 펼쳐지기도 하고 때론 화장품 냄새와 생선 비린내가 나기도 했다. 언제나 사람들 웃음소리와 이야기 소리로 왁자지껄했다. 자연스레 어린 나는 어른들 틈에 끼어 궁금한 바깥세상 이야기에 귀 기울이기도 하며 가끔은 이야기 속에 끼어들고 싶어 엄마를 불러 보기도 했다.

"엄마, 엄마."

나의 다급한 부름에 엄마와 아줌마들이 하던 이야기를 멈추고 나를 바라보면 정작 별로 할 말이 없음을 깨닫고 부끄러워하다가 "저기 산에 눈이 왔는데……." 하고는 멀리 내다보이는 앞산을 향해 팔을 뻗어 가리켰다. 그럴 때면 엄마와 아주머니들은 큰소리로 웃으면서 '쪼그만 게 꼭 모자반 뒷불알 같다.'고 하셨다.

어느 날, 생선을 파는 아주머니가 검푸른 빛이 도는 마른 해산물들을 누런 종이에 싸서 머리에 이고 왔다. 산골에서 사는 나에게는 소금기 많은 풀 같은 해초류가 생소했다. 엄마는 말린 파래와 함께 그것을 한 묶음씩 샀다. 그리곤 잘 마른 해초류에서 작은 알맹이 몇 알을 따서 내게 주면서 먹어보라고 했다.

"이게 뭔데요?"

"모자반 뒷불알이다."

'엥, 이게?' 입 안에 넣고 깨물자 신기하게도 마른 알맹이인데 '똑 톡' 소리를 내면서 터졌다. 짭조름하면서도 쫄깃한 느낌이 은근히 입맛을 끌어당긴다. 이 작은 알맹이가 어른들이 나를 빗대던 바로 그 모자반 뒷불알이었다니! 그 후로도 수시로 엄마 몰래 그 작은 알맹이를 따서 입맛을 다시곤 했다.

한번은 그 짭짤한 것을 알맹이뿐 아니라 줄기까지 많이 먹어서 배탈이 났다. 배는 아프고 이마에선 진땀이 삐질삐질 나왔다. 너무 아파 무릎을 끌어안고 방바닥을 데굴데굴 굴렀다. 그렇게 혼이 난 후에도 모자반 뒷불알 몰래 따먹는 재미를 그만둘 수가 없었다.

나는 어릴 때 엄마가 해주던 모자반에 무채를 섞고 갖은 양념으로 조물조물 무쳐주던 새콤달콤한 맛을 잊을 수 없다. 또 잔칫집에서 주로 많이 하는 모자반 콩나물무침도 좋아한다. 살짝 삶은 콩나물과 채 친 무, 모자반에 마늘과 간장, 약간의 고춧가루와 깨소금으로 간을 해서 물을 자작하게 부어주면 된다. 고향에선 이것을 모자반 콩나물 썰채라고 했다. 모자반이 없거나 모자랄 땐 미역을 대신 넣기도 한다.

아삭아삭하면서도 시원하고 담백한 맛이 일품인 이것은 우리 고향의 잔칫날 없어서는 안 되는 뒤풀이 음식이었다. 하지만 낮에 오는 귀한 손님상에는 오르지 않았다. 분주하고 왁자지껄했던 잔치가 끝나고 날이 어두워지면 종일 허드렛일과 거친 뒷일을 하던 일꾼들이 하루를 정리하면서 남은 고기 점과 함께 막걸리 안주로 먹기도 하고 저녁에 뒤풀이 하러 오는 사람들에게 주기 위해 따로 만들기도 했다.

밤이 깊어갈 때쯤이면 동네 사랑채에서 놀던 젊은이들이나 잔칫집에 가지 못했던 사람들이 양은 주전자와 큰 바가지나 양푼을 들고 잔칫집에 가서 큰소리로 외친다.

"단자 얻으러 왔심더. 단자 주소."

이 단자의 뜻을 지금도 정확히 이해할 수 없지만, 떡의 이름을 나타내는 단자團瓷에서 잔치 음식을 통칭해서 나타내지 않았나 하는 생각이 든다.

나도 친구들과 그 행렬에 몇 번 끼어 본 적이 있다. 잔칫집 삽짝 앞에서 단자 얻으러 왔다고 하면 막걸리 한 됫박과 메밀묵과 썰채를 푸짐하게 주었다. 운이 좋으면 떡과 돼지고기 수육도 얻어갈 수 있었다. 다 먹고 여러 번 갈 수도 있었는데 모자반 썰채가 없어지면 뒤풀이 음식도 끝이 났다.

　모자반은 지역에 따라 부르는 이름이 여러 가지다. 모자반, 마재기, 모재기, 몰, 말 등 가지가지다. 제주도에서는 모자반을 몸이라 하고 그곳에서만 볼 수 있는 토속적인 요리로 푹 삶은 고깃국물에 모자반을 넣고 몸국을 만든다고도 한다.

　모자반, 귀한 식재료가 아닌 한갓 바다풀인 이것이 요즘은 자연식 바람을 타고 항산화 활성이 높다 하여 사람들의 식탁에 오르고 있다. 나 또한 재래시장이나 마트에 제철 해초류가 나오는 겨울이 오면 어김없이 모자반을 사서 추억 속의 음식을 해 먹는다. 모자반 무침도 맛있고 모자반 콩나물 썰채 또한 우리 가족 모두가 좋아하는 음식이 된 지 오래다.

　내가 좋아했던 모자반 뒷불알이 모자반 줄기 뒤에 붙어

있는 공기주머니로 기낭氣囊이란 이름이 따로 있다는 걸 알게 된 건 아주 오랜 세월이 흐른 뒤였다. 그러나 내게 모자반 기낭은 언제나 모자반 뒷불알이다.

2

9회말 2사후

9회말 2사후
아직도 지키지 못한 약속
601병동 53호
날씨와 같더라
배냇저고리
딸의 외박
작별
버리고 버리기
보름밥

9회말 2사후

타 아 악!
"잘 맞은 타구입니다. 넘어갑니다. 넘어갑니다. 호옴런입니다."
"강민호의 그랜드슬램입니다."
야구장의 환호성이 텔레비전 밖으로 튀어나올 것만 같았다. 사직구장의 롯데 팬들은 머리에 오렌지색(쓰레기봉투) 모자를 쓰고 모두 일어서서 두 팔을 흔들며 강민호 송과 부산갈매기를 부른다.
'롯데엔 강민호, 롯데엔 강민호, 오 오 오 오 ~ 롯데엔 강민호.'
프로야구 개막 초반인데 오늘 하루 홈런을 3개나 친 강민호가 당연히 스타다. 아마 롯데 팬들은 치맥(치킨과 맥주)을 즐기며 오늘의 경기를 두고 온갖 이야기를 나누면서 즐거워하고 스트레스를 풀 것이다. 나도 기분이 좋았다. 야구가 끝나고 나서도 스포츠 채널에서 하는 종합 중계를 돌려가면서 보고 또 봤다.

내가 야구를 좋아한 건 그리 오래되지 않았다. 아무리 봐도 무슨 뜻인지 알 수 없는 야구용어들 야구의 룰, 그냥 아 저게 홈런이구나 하는 정도만 알았다. 진득하니 앉아서 야구 중계를 본 일은 더더구나 없었다. 워낙 야구를 좋아하는 남편 때문에 프로야구 시즌이 되면 우리 집 텔레비전은 야구중계를 하는 채널로 고정되지만 나는 그것이 탐탁하지 않고 짜증이 났었다. 내가 좋아하는 프로그램을 볼 수가 없기 때문이었다.

어느 해 그에게 몹시 힘든 일이 생겼다. 내가 어떤 말을 해줘도 위로가 될 수 없는 그를 보면서 함께 산에도 가고 산책도 하고 고향 이야기도 했지만 그런 것을 매일 함께할 수도 없을뿐더러 마음 편한 위로가 되지 못했다. 그나마 그가 좋아하는 야구 중계를 볼 때만은 아무 생각 없이 편안해 보였다.

어떻게 하면 남편이 잠깐이나마 더 즐겁게 지낼 수 있을까 하는 생각이 늘 머리에서 떠나지 않았다. 그러던 어느 날 작정을 하고 야구경기를 보고 있는 그의 옆에 앉았다.

"방망이 들고 있는 사람은 타자, 공 던지는 사람은 투순데 공 받는 사람은 뭐라고 불러?"

하면서 중계방송을 보고 있는 그에게 슬그머니 물었다.

"포수."

텔레비전에 눈을 고정한 채 하는 짧은 대답이었다.

그 시간 이후부터 나는 그의 야구친구가 되었다.

외야수外野手나 내야수內野手, 사사구四死球나 삼진三振 등 많이 사용되는 용어들이 자연스레 귀에 들어왔다. 안타가 나오면 나도 같이 소리를 지르게 되었다. 도루의 묘미나 적시타의 쾌감도 함께 느끼면서 처음 의도와는 다르게 나도 야구경기를 즐기게 되었다. 야구를 보면서 한 사람이 아무리 잘해도 팀이 서로 호응하지 못하면 절대로 이길 수 없다는 것과 하찮은 실책 하나가 팀을 패배로 몰아갈 수 있는 것도 알게 되었다. 잘 모르는 상황이 생기면 늘 남편에게 질문해서 그가 야구해설가가 될 수 있게 했다. 야구에 관해 이야기를 나누는 순간만큼은 그도 얼굴에 생기가 돌았기 때문이었다.

야구는 아홉 명의 선수가 상대 팀과 함께 9회의 경기를 한다.

한 이닝(inning)에서 투수와 3명의 타자가 대결을 하면서 승부를 가르는 게임이다. 물론 타자를 아웃시키지 못하면 타자 전원 일순―巡하는 경우도 있다. 초반부터 잘하는 팀이 이기기도 하지만 잘 이기고 있다가 9회 말에서 두 명의 타자까지 아웃시켜 놓고 질 수도 있다. 그래서 '야구 모른다. 야구는 9회 말 2사 후부터'란 말도 있다. 때론 지긋지긋한 연장전 12회까지 가기도 한다. 온갖 기술과 에너지를 다 쏟아 붓고도 무승부가 될 때도 있다.

야구에서 홈런이 많이 나와도 안타를 많이 쳐도 점수가 많이 나도 경기가 완전히 끝나기 전까진 승리했다고 말할 수 없다. 실력은 물론이고 집중적인 정신력과 운도 따라야 하는 것이 야구경기인 거 같다.

아마 우리 인생도 그렇지 않을까?

아슬아슬한 게임 끝에 9회 말 투아웃이 되어도 하나 남은 아웃카운트에 만루 홈런의 희망을 품으면서 집중하고 또 집중하면서 운이 따라주기를 바라는 야구경기처럼. 대부분의 사람이 젊은 시절엔 그늘진 곳에서 그랜드슬램을 달성하는 빛나는 선수가 되기 위해 피나는 훈련을 했을 것이다. 좀 더 빨리 성공하고 싶어 위험을 무릅쓰고 도루도 하고 때론 안타를 치고 행복하기도 했을 것이다. 어쩌다 친 홈런 한 방에 득의양양하다가 지나친 욕심을 내지는 않았을까? 더 잘하고 싶은 욕망에 뛰어본 무모한 뜀박질이 9회 말에서 랜덤(random)에 걸려 끝나버릴 수도 있을 것이다. 우리는 모두 욕심과 자만으로 인생을 엮어가지는 않았는지 생각해 볼 일이다.

  내 인생의 경기에서 최선을 다해서 집중해야겠지만 이제 더는 무모한 뜀박질로 남은 생을 허무하게 끝낼 수는 없기 때문이다.

아직도 지키지 못한 약속

나른한 한낮이다. 갑자기 딩동딩동 현관 벨이 요란을 떤다.

누구세요? 하고 물어볼 겨를도 없이 쾅쾅쾅 현관문을 두드리는 소리와 함께 "택배요! 택배!" 하는 외침이 들린다. L 택배 아저씨는 언제나 이런 식이다.

투명테이프로 이리저리 여러 겹 둘러 붙인 커다란 종이상자를 칼로 죽 긋고 나서 안을 들여다본다. 그곳에는 신문지와 비닐로 감싸고 노란 고무줄로 단단히 묶은 페트병 2개가 누워있고 그 사이사이에 호박과 가지, 오이와 풋고추, 깻잎과 호박잎 그리고 부추와 민들레 등이 비닐봉지 또는 신문지에 싸여서 긴 여행길에 지친듯 피곤한 모습을 하고 있다. 이것들을 준비하느라 며칠을 펴지지 않는 허리와 아픈 다리를 끌고 분주하게 움직였을 엄마 모습이 떠오른다.

"벌써 도착했나? 기름은 괜찮나? 양이 조금 적은 것이 들기름이고 많은 것이 참기름이다."

전화기를 타고 들려오는 엄마 목소리를 듣는 순간 택배를 풀어볼 때와는 또 다른 감정이 가슴 저 아래서 목줄을 타고 올라온다.

"응. 엄마, 고맙심더. 잘 먹을게요."

아버지 돌아가시고 벼농사는 그만두었지만 여러 가지 밭농사와 매실 농사를 하시는 엄마는 80이 가까운 나이 탓에 매우 힘들지만, 농사를 그만둘 생각은 전혀 없다. 자식들이 자주 와서 도와주기를 바라지만 자식들 또한 사느라 바빠서 엄마 맘에 들게 해줄 수가 없다.

엄마는 고단함과 외로움, 세월의 무게 때문에 자주 아프고 병원 신세를 지게 된다. 그럴 때마다 자식들은 인제 그만하라고 하지만 엄마 대답은 언제나 한결같았다.

"땅을 어떻게 놀게 하느냐?"

엄마의 이 말 속에는 가난한 종갓집 장남에게 시집와서

고생한 어렵고 힘들었던 과거가 숨어있다.

 휴대전화가 뜨거워져 귀가 먹먹하다. 엄마의 이야기는 계속된다. 오늘도 모처럼 통화하는 큰딸에게 푸념을 늘어놓는다. 큰아들이 어떻고 작은아들이 어떻고, 결론은 엄마가 지으시는 농사를 주말에 와서 도와주면 좋겠는데 아들들이 오지 않았다는 것이다.

 "엄마 어떻게 자식이 부모 마음을 다 알겠어요. 절대로 알 수가 없어요. 그래도 동생들이 엄마 걱정하고 쉬는 날 특별한 일 없으면 엄마를 돕잖아요. 엄마도 이제 조금씩만 하세요. 아프면 안 돼요. 엄마"

 내가 엄마한테 해줄 수 있는 것은 엄마 푸념을 들어주고 사소한 것들을 사서 보내주는 게 다였다.

 나도 가끔은 엄마가 야속할 때가 있었다. 처음 느낀 건 중학교 때다. 타향에서 자취하면서 공부를 하는데 친구들은 주말에 집에 갔다 오면 하얀 쌀과 맛있는 반찬을 가지고 오는데 난 언제나 보리쌀이 섞여 있고 풋김치와 냄새나는 콩잎 장아찌가 다였다. 친구들 보기 창피하고 속상했었다. 친구들이 학교 매점에서 군것질할 수 있는 용돈, 나는 꿈도 꿔보지 못했다. 빤한 살림살이에 늦둥이로 태어난 남동생들 먼저 생각하는 엄마는 늘 돈이 없다고 했다.

 내가 결혼하고 자식 낳아서 학교에 보내면서 사는 게 급급할 때 엄마를 이해한다고 생각했다. 그 첩첩산중 마을에서 친구들이 가지 못한 상급학교에 그나마 갈 수 있었던 것도 부모님의 교육열 때문이었음을 깨달았다. 제법 엄마 편이라고 위로도 하고 했지만 그건 언제나 내 기준에서였다. 가슴속에는 늘 엄마에 대한 원망의 찌꺼기가 남아 있었다.

 그러다가 몇 년 전 난생처음으로 가족들이 모인 자리에서 큰소리 내며 엄마한테 대들기도 했었다. 엄마는 눈을 휘둥그레 뜨고 격앙된 목소리로 외쳤다.

 "가시나 이기 미쳤나? 어디 꼬박꼬박 말대꾸고."

 "엄마는 왜 욕해? 왜 내게 화를 내고 욕해? 오십이 넘은 딸한테."

 "내가 언제 욕했다고 그래. 보기 싫다. 너의 집에 가라. 자식 다 필요 없다."

 온 가족이 놀라서 말릴 생각조차 못 하고 숨죽이고 지켜보는 싸움을 했다.

동생들이 결혼할 때마다 논마지기 팔아서 아파트를 사주고 아버지 돌아가시고 남긴 현금 통장마저 아들에게 주겠다고 하시곤 언제나 아프다, 돈이 없다고 하시는 엄마가 싫었다. 그 돈은 엄마 몫으로 남겨두고 아플 때 필요할 때 엄마를 위해 쓰라고 소리 내며 대들었다. 자신의 노후를 생각 않고 아들에게 모든 것을 다 주는 아들 사랑 앞에 난 짜증이 나고 화가 났었다.

　나는 알고 있었다. 엄마는 내가 의지하고 싶은 맏딸로 동생들을 걱정하고 안타까워하는 감정이 엄마랑 같을 거라 생각하시는 것을, 하지만 나도 때론 어리광도 부리고 관심 받고 싶은 엄마의 자식이 되고 싶었다.

　그 후 일 년 정도 엄마와 말도 하지 않고 먼저 전화도 하지 않았다. 시간이 지날수록 가슴에 돌덩이를 달고 있는 무게감이 더해졌고 엄마를 위한다는 것이 겉치레이며 내 이기주의였음을 깨닫게 되었다. 그건 재산은 아들에게 주고 후일 엄마가 아프면 돈 없어 병원도 못가고 병간호도 할 수 없는 상황이 생기면 그때 내가 아무것도 할 수 없으면 어쩌지 하는 막연한 부담감 때문이란 걸 알았다.

　엄마가 보내준 택배 속에는 어떤 계산도 들어 있지 않았는데…….

십여 년에 걸친 아버지 병간호와 불같은 아버지 성격을 받아주느라 지친 엄마에게 입버릇처럼 나는 말했었다.

"엄마, 힘들지만 조금만 더 힘내세요. 아버지 낫고 나면 우리 함께 여행도 가고 재미있게 살아요."

끝내 아버지는 돌아가셨다. 그리고 삼 년이 지났지만, 아직도 난 그 약속을 지키지 못하고 있다. 못 지킨 것이 아니라 안 지켰다는 말이 더 맞다.

엄마도 고운 꿈이 있고 예뻐지고 싶은 여자인 것을 생각조차 하지 않고 그냥 엄마니까, 나이 많은 시골 할머닌데 하며 지나쳤다. 이제라도 엄마와 함께 여행도 하고, 맛난 것도 사 먹고 시집간 내 딸 흉이라도 봐야 할까 보다. 제 아들은 끔찍이 사랑하면서 엄마 마음 몰라주는 야속한 딸이라고. 그리고 엄마 손 꼭 잡고 엄마를 많이 사랑한다는 말도 해야겠다.

너무 늦기 전에.

601병동 53호

밤새 비닐봉지에 소지품을 넣었다 뺐다 부스럭 부스럭하던 3번 병상의 보호자 할머니가 날이 밝아오자 복도를 내다본 것이 몇 번째인지 모른다. 이윽고 8시가 되자 머리가 반백이나 된 의사가 칠팔 명의 전공의와 함께 병실로 들어선다. 환자들은 누운 채로 저마다 귀를 기울인다. 눈을 감고 죽은 듯이 있지만, 하루 한두 번 회진 때나 만날 수 있는 담당 의사를 기다리는 마음은 구세주를 기다리는 것과 같다. 할머니는 벌떡 일어서서 보더니 다시 허리를 접고 비닐봉지를 만지작거린다. 할머니가 기다리던 의사가 아니었다.

따라오는 전공의가 많은 의사는 간암 권위자라고 소문난 H 의학박사다.

 5번 병상에서 검은 때죽나무 색 얼굴빛을 한 아저씨가 비스듬히 몸을 일으킨다.

 "좀 어때요? 별일 없죠? 다음에 봅시다."

 그러고는 사람 좋은 웃음을 흘려주고 서둘러 나가버린다. 마치 나는 유명하니 많은 환자를 보러 가야 해 하는 것 같다. 언제나 비슷한 멘트다.

 "저 세 마디를 뱉는 것이 간암 분야 유명한 권위자라니 쳇! 자기 이미지는 관리하면서 환자 관리는 제대로 하는지 모르겠어." 5번 병상 보호자 아주머니가 먼지처럼 뱉어내는 말이 병실을 맴돈다.

 아저씨는 12년 전에 간암에 걸렸다고 한다. 이 병원에서 H 의사한테 수술을 받고 시골에서 사슴목장을 하면서 잘 관리하고 살았다. 수술하고 5년이 지나자 H로부터 함께 텔레비전에 나가 완치 이야기를 하자고 하는 걸 거절했다. 세월이 꽤 지났는데 다시 재발이 되어 입원하니 마음 쓰는 게 달라졌다는 것이다. "우릴 위해서겠어? 자기 위상 높이려고 그러지 유명하다지만 속이 보이는 사람이야." 하면서 못마땅해 한다.

　H 의사는 정말 최선을 다하고 있었을 것이다. 다만 아주머니는 절망적인 남편의 병세 앞에서 느끼는 좌절감을 그렇게밖에 표현할 수 없었을 것이다.

　두 명의 의사가 더 왔다 가고 나서 할머니가 기다리는 의사가 왔다.

　"할머니 결정했어요? 방법이 그것밖에 없어요. 안 그럼 퇴원해야 해요."

　"그런 소리 하지 마시오. 어째 배에 구멍을 내서 미음을 준단 말인가? 아직 입으로 먹을 수 있는 영감을."

　할머니가 절규한다. 그 옆에는 콜록콜록 기침과 함께 기침 소리보다 더 거친 숨을 몰아쉬는 할아버지가 웅크리고 앉아있다. 할아버지는 고통이 너무 커서 몸을 눕히지 못하고 자주 앉아 있었다. 다시 잘 생각해 보라면서 회진 의사가 가고 나자 할머니는 누군가한테 전화를 걸더니 욕설을 퍼붓기 시작한다.

　"이 더러운 새끼들아! 이 못된 새끼들아! 아비가 너희를 어찌 키웠는데 병원 오는 것이 그리 어렵나. 너가 그 높은 자리에서 잘 먹고 잘사는 게 누구 덕인지 생각해봤나."

저쪽에서 전화가 먼저 끊어진 거 같다. 그러자 또 어딘가에 전화를 건다.

"야 이년아! 이 빌어먹을 년아. 아비가 병원에 누워서 아무것도 못 먹는데 너는 밥이 처 넘어가나. 뭣이 바빠서 병원에도 안 와 보나."

식도암으로 누운 영감 곁에서 허리 꼬부라진 할머니는 당신 몸도 아프고 병간호도 지쳐서 외롭고 서러운 맘에 종일 그렇게 소리소리 지르며 세월의 피를 토해냈다.

저녁때쯤 5호 병상 아저씨의 아들이 왔다. 십 년 만에 나타났다고 한다. 무엇을 하며 어떻게 사는지 알 수 없어 부모를 애태우던 하나밖에 없는 아들이란다. 어린것을 시댁에 맡겨 놓고 자주 와서 엄마를 대신해 아버지를 돌보던 딸도 사위와 함께 왔다. 그리고 그들은 1인실로 병실을 옮겼다. 그 자리엔 또 다른 환자가 왔다.

그날 밤 53호실 환자와 보호자들은 쪽잠이라도 자던 잠을 한잠도 잘 수가 없었다. 3번 병상 할머니 때문이었다. 할머니는 짐승 같은 이상한 소리를 크억크억 내면서 검은 비닐봉지를 움켜쥐고 병실과 복도를 기어 다녔다. 간호사가 놀라서 할머니를 일으켜 세웠다. 당직 의사가 오고 같은 병실 사람들도 모두 놀랐다. 간신히 진정시켜서 자리에 모셔놓으면 얼마 지나지 않아서 같은 행동을 또 했다.

새벽녘에 병원에서는 할머니 가족들을 긴급 호출했다. 할머니는 죽음을 앞둔 할아버지에게 낫지도 않는 어떤 수술도 시키고 싶지 않고 그 병세를 감당하기 힘들어서 정신 줄을 놓으신 것 같았다. 아들과 딸이 오고 할아버지는 들것에 실려 어디론가 떠났다. 무엇이 들었는지 알 수 없는 검은 비닐봉지를 꽉 움켜쥔 할머니도 그 뒤를 비틀거리며 따라갔다.

복도에서 1인실로 간 아주머니를 만났다. 눈에 눈물이 그렁그렁하다. 이제 아저씨는 아무 말도 하지 못한다고 한다. 아들도 찾고 딸도 효심이 깊으니 힘내라고 했더니, 자식들이 아버지 숨도 거두기 전에 재산을 어떻게 상속해 줄거냐고 했다면서 슬픈 미소를 지으셨다.

나는 어젯밤 그 할머니와 아주머니 마음을 충분히 공감했다.

병실 창밖으로 눈이 내린다. 벚꽃잎 같은 눈이 자꾸만 창문을 두드린다. 누군가의 손을 절실하게 잡고 싶어 하는 것 같다. 병상에 누워있는 그들은 손 대신 애절한 눈빛으로 눈꽃을 바라본다. 내년에도 저 눈을 볼 수 있을까? 꽃잎 같은 눈은 이내 진눈깨비로 변해서 회색 도시를 휘감고는 한바탕 성화를 부린다. 우리네 인생사처럼.

  나는 휠체어에 링거를 걸고 병상에 누운 남편을 있는 힘을 다해 안아 일으켰다.

  오늘도 처치실로 병상 하나 들어가고 통곡 소리 흘러나온다.

날씨와 같더라

 퇴근하고 집으로 들어오는 딸의 표정이 왠지 어두워 보였다.
 무슨 일일까? 그러잖아도 요즘 힘든 일을 겪고 있는데 가슴이 철렁 내려앉았다.
 "직장에서 무슨 일 있었어?"
 조심스레 물어봐도 아무 일도 아니라고 한다. 어미가 어찌 자식 표정을 읽지 못할까? 자꾸 다그치는 내 물음에 일하다가 실수를 했다고 한다. 너무 속상해하지 마라. 실수하지 않는 사람이 어디 있겠니. 하고 다독여 보지만 "실수를 하면 안 되는데 해서 그렇지." 하면서 몹시 힘들어한다. 나는 딸이 마음을 다치지 않기를 바랄 뿐이었다. 딸은 자존감도 떨어지고 창피한 마음을 쉽게 떨쳐내지 못하고 괴로워하다가 진지한 표정으로 물어본다.

"엄마는 엄마 인생에서 언제가 제일 행복했어?"

"너희 초등학교 때. 그땐 꿈꾸는 것은 이루어질 수 있다고 생각했어."

깊이 생각지도 않고 그렇게 말하고 말았다. 아주 틀린 말은 아니었지만.

기억이 나는 어린 시절부터 지금까지 난 언제가 행복했을까? 새삼스레 한번 생각해 보았다. 딱히 그땐 참 행복했지 하는 생각이 떠오르지 않는다. 그럼 난 늘 불행했던가? 그건 또 아니다. 살면서 화나고 슬프고 힘든 일이 많았지만 즐겁고 기쁜 일도 많았다. 그러고 보니 단 한 번도 내가 불행하다는 생각도 해본 적은 없었다.

행복이란 뜻을 사전에서 찾아보니 "생활에서 충분한 만족과 기쁨을 느끼어 흐뭇함."이라고 되어 있다. 그렇다면 나도 행복한 때가 있었다는 것이다. 그런데 왜 행복하다는 생각이 안 들었을까? 아마도 행복하냐 불행하냐 하는 이분법적인 생각을 하지 않고 열심히 긍정적으로 살았기 때문인지 모르겠다.

나에게 기쁜 일은 셀 수 없이 많았다. 그중에서도 딸들이 소위 말하는 우리나라 최고의 대학에 합격했을 때가 가장 기억에 남는다. 그땐 만나는 사람마다 나에게 딸이 어느 대학 붙었는지 좀 물어봐 주면 좋겠다는 생각이 들었다. 현수막이라도 온 동네 걸어두고 싶었다.

그러나 그 이면에는 아이들이 중고등학교에 다니면서 만화책을 교과서보다 더 사랑하고 온 동네 피시방을 헤매고 다닐 때, 학원을 갔으리라 믿었던 딸이 친구 집에서 놀았단 사실을 알았을 때, 그 밖에도 말로 표현할 수없이 화나고 슬프고 힘들었던 기억이 많다. 그럴 때도 불행하다고 생각지는 않았다. 생각해보면 늘 기쁨만 있는 것도 늘 슬픔만 있는 것도 아니었다.

사랑하는 관계일수록 그것들은 떼려야 뗄 수 없는 감정인 것 같다. 그래서 기쁨의 순간은 많았지만, 그 곁엔 다른 감정도 함께했기에 언제가 행복했다고 떠올릴 수 없었는지 모르겠다.

꽃보다 어여쁜, 바라보기만 해도 닳을까 아깝던 딸이 결혼하고 자식을 낳았다. 누구의 아내가 되고 며느리가 되고 엄마가 되었다. 거기에 직장까지 다니느라 여간 힘든 게 아닌 거친 사회의 초년생이 되었다. 단단히 버텨보지만, 미처 생각지도 못했던 어려움이 한둘이 아니었을 것이다. 딸이란 이름만으로 살 때와는 너무 다른 삶이 버거웠을 것을 생각하니 가슴이 아린다.

"엄마는 엄마 인생에서 언제가 제일 행복했어?"

그래서 이렇게 물었을 것이다.

딸아! 엄마는 인생이 날씨 같다는 생각을 한단다. 봄도 있고 여름도 있고 가을 겨울도 있듯이 우리 삶도 그렇지 않겠니? 우리는 봄날 같거나 가을 같은 삶을 원하겠지만 아무도 그렇게만 살 수는 없을 거야. 희망 가득한 봄날에도 회오리 돌풍이 몰아치고 찬비 내리는 날이 있고, 풍요로운 가을에도 느닷없이 우박이 떨어지고 찬 서리 내릴 때도 있듯이 인생도 그런 것 같아. 숨넘어갈 것처럼 더운 날씨에도 한줄기 서늘한 바람이 불고, 뼈마디가 얼어붙을 것 같은 폭풍 한설에도 따뜻한 햇볕이 들기도 하지, 그리고 곧 계절은 또 바뀌는 것처럼 하루를 두고도 수없이 변하는 날씨처럼 우리 인생도 그런 거 같지 않니?

딸아, 엄마는 네가 날씨 같은 인생을 즐길 줄 아는 삶을 살면 좋겠다. 비 오는 날 보라색 우산을 준비하듯이 추운 겨울날 따뜻한 외투를 입듯이 네 마음에 무지갯빛 꿈 하나를 준비해두면 폭풍 한설도 두렵지 않을 것이다. 그리고 반드시 빛나는 햇살이 너를 비추어 줄 것이다.
 사랑해! 아주 많이

배냇저고리

 낡은 스텐 냄비가 가스 불 위에서 다글다글 오랫동안 끓고 있다. 그러다가 입 안 가득 거품을 물고 부르르 소리를 내지르면서 비눗물을 밖으로 뱉어낸다. '이 정도로는 어림없지. 삼십 년 가까이 장롱 속에서 세월의 때를 담아왔으니⋯⋯.'
 삶아내고 헹구고 또 삶아내고, 소다 물에도 헹구어보고 식초 물에도 헹구어본다. 그래도 세제가 남았을까 싶어 밤새 맑은 물에 담가놓았다.
 다음날 눈뜨자마자 제일 먼저 어제 종일 삶고 헹구기를 반복해서 대야에 담아놓은 작고 앙증맞은 옷을 살며시 짜서 햇빛 쏟아져 들어오는 베란다 건조대에 널어놓고 수시로 가서 만져보았다.

 딸은 한 여름 밤에 둘째로 태어났다. 나는 간호사인 동생의 도움을 받아 집에서 아기를 낳았다. 남편은 잘 소독한 가위로 아기의 배꼽과 나를 이어주던 탯줄을 조심스레 자르고 동생은 따뜻한 물로 아기를 닦아서 싸개로 잘 싸 나에게 보여주었다.
 "언니, 고생했어. 예쁜 공주야."
 희미한 전등불 아래서 눈도 채 못 뜬 빨간 핏덩이를 보니 너무 작아서 한없이 애처롭기도 하고, '아들이 아니구나.' 하는 서운함이 함께 밀려오면서 나도 모르게 눈물 한 방울이 눈가를 타고 흘렀다. 첫째 딸을 낳을 때와는 달리 이번에는 혹시나 하는 마음이 있었던 것이다.
 무더운 날 남편과 동생이 번갈아가면서 연탄불 앞에 땀을 뻘뻘 흘리면서 미역국을 끓여내랴 아기 목욕물 데우랴 허둥대던 모습이 아직도 눈에 선하다.
 태어날 때 둘째의 그 연약하던 모습이 가슴에 담겨있어 늘 마음 졸이면서 키웠다. 그러나 나의 걱정과는 달리 딸은 건강하고 슬기롭고 예쁘게 자랐다.

드디어 대학원을 졸업한 둘째는 어느 날 발그레 상기된 뺨에 딸 특유의 초승달 같은 눈웃음으로 취직을 했다고 한다.

"축하한다. 우리 딸!"

나는 너무 기뻐서 둘째를 꼭 껴안아주었다. 이제 함께 행복하게 지낼 일만 남은 것 같았다. 하지만 내가 얼마나 착각 속에 셈을 하고 있었는지, '자식은 품안에 자식이지.' 하던 말을 실감하는 데는 그리 오랜 시간이 걸리지 않았다.

"엄마 나 결혼해도 돼? 오빠가 결혼하자는데……."

벌써 결혼을? 이제 취직하고 두 달밖에 안 되었는데. 하는 생각과 함께 가슴 한쪽이 찢겨 나가면서 찬바람이 휭하고 지나갔다.

딸이 결혼을 하고 신혼살림을 하는 동안 어쩜 하는 짓마다 하는 말마다 그렇게 섭섭하고 야속할 수가 없었다. 착하고 어여쁘던 내 딸이 낯설기만 했다. 삼십 년 가까이 온전한 내 것이라 믿었던 자식이 거짓말처럼 타인이 된 것 같은 배신감, 그 배신감에 가슴이 미어지듯 아프고 화가 났다. 얼마나 애지중지하며 키웠던가?

그러나 그 서운하던 마음도 딸이 임신을 했다는 소식을 듣고 나니 다 녹아내렸다. 이제 딸도 엄마가 되는구나.

매일 태어나지도 않은 손주와 딸을 생각 하면서 뭘 해줄까? 보이는 것마다 아가와 연결되지 않는 게 없었다.

보물지도 마냥 꽁꽁 숨겨둔 육아 일기를 찾아내어 읽고 또 읽어보며 맞아! 이땐 이랬었지 하며 추억에 잠기기도 했었다. 그러던 어느 날 옷장 깊숙이 두었던 누렇고 꾀죄죄한 배냇저고리를 찾아냈다. 딸의 것이다.

배냇저고리는 아기가 태어나면서 처음 입는 옷이다. 옛 사람들은 배냇저고리는 재수가있다 하여 시험이나 송사때 몸에 지니게도 하고 배냇저고리를 집안의 장수한 어른이나 어머니의 옷으로 만들어 입히면 수명이 길다고 했다.

이런 이야기를 들은 나도 딸이 건강하게 잘 자라기를 바라는 마음에 이 옷을 장롱 깊숙이 간직했던 것 같다.

작고 앙증맞으며 아직도 젖내가 폴폴 나는 것 같은 싯누런 배내옷을 보는 순간 이 소중한 것을 딸에게 전해주고 싶었다.

얼마 후 딸은 건강한 아이를 출산했다.

딸은 백화점에서 사둔 뽀송뽀송하고 부드러운 배내옷과

햇살내음 가득 담긴 저 어릴 때 입었던 배냇저고리를 함께 바구니에 담아놓고 어린 아기를 씻기고 난 후 번갈아가며 그 옷들을 갈아입힌다.

"아가야, 이 옷은 엄마가 너 만할 때 처음 입었던 옷이란다."

딸은 초승달 같은 눈웃음을 지으면서 소곤거렸다.

딸의 외박

초저녁잠이 많은 나는 밤 11시 넘기기가 어려웠다. 아이들이 입시공부를 할 때를 제외하곤 웬만해선 늦게 자지 않았다.

그러나 나 외의 가족들은 모두 늦게 잠드는 타입이다. 올빼미처럼 밤이 되면 더 생생하게 활동한다. 종일 일을 하고 온 남편도 열두 시가 넘어야 잔다. 때로 새벽이 가까운 두세 시까지 텔레비전을 보고 있다가 한숨 자고 나온 나에게 잔소리를 듣고 슬며시 손에서 리모컨을 내려놓는다. 아이들도 남편처럼 늦은 밤까지 자지 않고 부스럭거린다.

가족의 수면 리듬이 같다면 모두가 편안할 텐데 '일찍 자고 일찍 일어나자.'고 아무리 이야기해도 소용없는 일이다. 잠자는 유형도 유전이라고 들었다. 내 생각으로 다른 사람의 생체리듬을 바꿀 수가 없지만 그래도 건강을 위해서 좀 빨리 자면 좋을 텐데 하는 마음을 떨쳐버릴 수가 없었다.

눈을 떠서 옆에 있는 스마트폰을 눌러 보니 4시가 조금 넘었다. 좀 있으면 아침이다. 벌떡 일어나 딸아이의 방을 들여다보니 빈 침대만 덩그러니 있다.

문자 메시지와 카카오톡을 들여다본다. 새 창이 떠 있지는 않았지만 그래도 하는 심정으로 확인해본다. 아무것도 없다. 갑자기 불안의 덩어리가 가슴 깊은 곳에서 쿵쿵거리면 나를 짓누른다. "어디 있니? 연락도 없고." 문자를 보내보지만, 답이 없다. 전화를 해보니 전화기가 꺼져 있다는 멘트가 나온다. 배터리가 없어서 연락을 못 했나? 딸 친구의 전화번호를 뚫어지라 바라본다.

"엄마, 내가 연락 좀 안 된다고 아무 때나 내 친구에게 전화하는 사람은 엄마밖에 없다. 좀 믿고 기다리면 되지 친구들한테 창피하다."

딸의 목소리가 귓가를 뱅글뱅글 돈다. 손가락이 그 전화번호 위에서 멈칫거렸다.

　집과 학교와의 거리가 멀고 공부할 게 많다고 자주 막차를 타고 집에 오는 딸이다. 평소엔 밤 11시가 넘어가면 언제 오는지 어디까지 오고 있는지 문자를 하고, 연락이 안 되면 딸 친구에게라도 연락해서 딸의 답을 받고서야 자리에 누웠다. 그리고는 천근은 됨직한 눈꺼풀을 들어 올리지 못하고 선잠을 자다가 현관문 여는 소리에 깜짝 놀라 아이를 맞이하고는 했다. 이런 나를 보고 딸은 지나친 걱정과 간섭이라며 제발 그냥 좀 자라고 했다. 그런데 어느 날부터 그것이 간섭이 아니라 관심과 걱정이라는 걸 알아차렸는지, 엄마 마음을 헤아렸는지 아이가 미리 연락했다.

　"엄마, 어디쯤 가고 있어요. 걱정하지 말고 주무세요."

또는 "택시 타고 가요. 콜택시 번호예요." 하고 택시번호를 보내기도 했다. 그 후론 늦게 다니는 불안에 대해 어느 정도 무디어져서 편안히 잠자리에 들곤 했었다.

　어제도 늦게까지 바깥 볼일을 보고 온 후라 몸도 피곤하고 초저녁잠 세례를 이겨내지 못하고 잠이 들었는데 딸아이가 안 온 것이다.

　미리 연락을 해보거나 12시까지 기다려보고 아이 소재를 파악한 후에 잠들 걸 후회가 막심하다.

아무리 급해도 뛰지 않고 근심 걱정이 되어도 겉으로 표현하지 않는 남편에게 화살을 쏘았다. 매일 늦게 자면서 아이의 소재를 좀 알아보고 확인하지 않았다고 도움 되지 않는 잔소리를 해댔다.

이런 일이 처음은 아니다. 가끔은 늦어서 친구 집에서 자고 오기도 하고 학교에서 밤을 지새우기도 한다. 나도 어중간한 시간에 택시를 타는 것이 겁이 나서 그리하라고도 했었다.

그러나 이렇게 연락이 안 되면 온갖 불안함이 나의 심장을 조여온다. 서른인 딸에게 엄마의 걱정은 한낱 잔소리에 불과하지만, 요즘 세상이 얼마나 흉흉한지 자고 일어나면 사건 사고다. 뉴스를 보면 기쁜 소식보다 슬프고 아픈 소식이나 무서운 소식이 더 많다. 어쩜 나는 불안에 대한 외상 증후군에 시달리고 있는지도 모른다.

두 손 모으고 온 집안을 서성이다 보니 날이 훤히 밝았다.

'띠 띠디 디~'

번호 키 소리가 울렸다.

긴장이 무너지면서 후 덜덜 다리에 힘이 빠졌다.

공부하다 보니 막차 시간이 훨씬 넘었고, 공교롭게도 배터리가 다되고 왠지 택시 탈 마음이 안 내켜서 첫차 시간까지 도서관에 있었다는, 딸의 말은 잘 들리지도 않고 눈물이 왈칵 났다.

꿈꾸는 인생의 목표를 위해 유학을 선택한 딸이, 그 길을 가기 위해 열정을 쏟는 모습이 불덩이가 되어 내 가슴을 뜨겁게 지졌다.

작 별

  창밖으로 보이는 오리나무와 산목련이 제법 짙은 초록색을 띠고 있다.
  며칠 전만 해도 달려있던 솔방울을 닮은 오리나무 열매와 홑겹으로 하얗게 웃고 있던 산목련 꽃잎도 나뭇가지에서 떨어져 내린다. 나무들도 새로운 연을 맺기 위해 순리에 따라 작별을 하나 보다.
  오후에 큰딸 앞으로 작은 박스 하나가 택배로 왔다. 아직 외국에 있는 딸 대신 택배 상자를 열어보니 딸과 예비사위의 사진이 레터링 되어 있는 청첩장이 들어있다.
  청소년기가 지나면서부터 결혼을 하지 않을 거라 못을 박던 아이라서 마음이 늘 조심스럽고 불편했다. 제 동생이 먼저 결혼을 할 때도 행여 마음 다치지 않을까 걱정되었고 작은딸에게서 손주가 태어나자 그 사랑스럽고 고귀함을 표현할 때도 괜스레 눈치가 보이기도 했다.

딸의 완고한 독신주의에 그래, 결혼이 꼭 인생의 행복을 가져다주는 것은 아니니까 싫으면 안 해도 되지, 생각하다가도 나중에 나이가 들면 혼자서 더욱 외로울까 봐, 눈에 콩깍지 낀 사랑을 해서라도 결혼 하면 좋겠다는 생각을 지울 수가 없었다. 같이 공부하다 만난 외국인이라도 데리고만 오면 허락할 것 같은 마음이 들기도 했다.

모두가 다 부질없는 내 욕심이지 하고 마음을 내려놓고 지내던 작년 이맘때쯤이었다.

"엄마, 결혼하고픈 사람이 생겼어요."

하고 딸에게서 연락이 왔다. 그 말을 듣는데 기쁜 것만 아니고 내 감정은 복잡 미묘해졌다. 그때 딸은 서른다섯이고 미국서 영문학 박사과정에 논문을 남겨놓고 있었다. 온갖 생각이 맴돌았다.

딸이 카카오톡으로 보내준 남자의 사진과 나이, 전공이 모두 마음에 들지 않았다. 그것도 외국인도 아니고 같이 공부하고 있는 대한민국 사람인데, 참 부모 마음이란 게 이상했다. 그러나 마음에 들지 않는다고 말할 수가 없었다. 딸이 결혼하고 싶을 정도로 사랑하는 사람이기에 상처를 주고 싶지 않았다. 그리고 어떤 말도 딸의 귀에 들리지 않을 것을 알기 때문이었다.

방학이 되어서 한국으로 온 딸과 딸의 남자친구는 양가에 인사했다.

실제로 보니 사진보다 낫다. 맘에 들지 않는 나이도 넘어갈 만큼 순수해 보였다. 상견례를 하고 예식 날을 정하고 바쁘게 움직이다가 둘은 다시 미국으로 돌아갔다. 배웅하는 공항에서 딸과 함께 있는 예비사위를 보면서 마음이 든든해지기까지 했다. 혼자 외국에서 고생하는 딸을 생각하면 한시도 편안한 날이 없었는데, 하루만 연락이 안 되어도 안절부절 못하며 밤잠을 설치고 걱정하던 마음을 이제 내려놓아도 될 것 같았다. 사람 마음이 참 간사했다.

길고 조마조마하던 일여 년이 지났다. 이제 며칠 있으면 방학을 이용해서 집에 올 것이다. 그리고 부모형제와 그들을 아껴주고 기억해주는 많은 사람 앞에서 결혼식을 할 것이다. 선택할 수 없는 부모로부터 첫 번째 인생이 시작되었다면 이제부터 딸 스스로 선택한 또 다른 인생을 시작할 것이다.

나는 택배 상자 속에서 청첩장을 꺼내서 한장 한장 정성스럽게 접어서 봉투에 넣었다. 표지에 인쇄된 둘의 사진을 보면서 '잘 살아야 한다.' 하면서 한 장을 접고 '행복하게 살아.' 하면서 한 장을 접고 '아프지 말고 건강하게.' 하면서 또 한 장을 접고 청첩장을 다 접어서 봉투에 넣고 분홍색 웨딩스티커를 붙일 때까지 나는 청첩장과 이야기를 나누었다. 딸과 함께했던 기쁨과 슬픔, 아픔과 안타까움 걱정까지도. 마지막 청첩장을 정리하면서 현명하고 지혜롭게 잘 살기를 진심으로 기원했다.

까마득한 것 같은 40년 전 남편을 처음 만났고 그 후 큰딸을 낳고 그 뒤를 이어 작은딸도 낳았다. 커다란 기쁨과 사랑으로 소중한 나의 가정이 형성된 것이었다. 오랜 세월 나의 전부가 되어 함께했지만 이제 모두 작별이다. 남편은 4년 전에 다시 만날 수 없는 곳으로 가버렸고 작은딸도 결혼을 해서 내 곁을 떠났다. 이제 큰딸마저 가정을 이루며 독립할 것이다. 큰딸도 작은딸도 스스로 선택한 그 길에 책임을 다하고 행복하길 바랄 뿐이다.

나는 오롯이 또 혼자가 되었다. 이 세상 숙제를 모두 끝낸 것 같은.

그러나 고목이 되어버린 나의 둥치에 새로운 잎새 하나 돋아나기를 희망해본다.

버리고 버리기

 이사를 하려고 집안을 정리했다. 누군가 3년 정도 사용하지 않은 물건이라면 버리라고 한 말이 떠올라 속으로 피식 웃었다. 3년 넘게 사용하지 않은 물건들, 생전 처음 보는듯한 낯선 물건들도 구석구석 숨어 있었기 때문이었다.
 이사할 때마다, 계절 옷을 정리할 때마다 버린다고 버렸는데도 아직도 버릴 것이 많았다. 그땐 참 귀한 것이었지, 소중한 추억이 있는 것이었지, 언젠가는 다시 사용할 수 있을 것 같은 이유가 붙어있는 물건이었다. 그중 아까웠던 것이 아이들이 사용하던 옷장과 책상이었다.
 결혼하고 처음 거금을 주고 샀던 무스탕 코트도 그중 하나였다. 너무 낡아서 외출할 때 입을 수가 없었지만, 그것만큼 따뜻했던 옷도 없어서 정리할 때마다 못 버리고 두었다가 어느 날 딸의 논리적인 잔소리에 어쩔 수 없이 버렸다. 다 이유가 있어 나에게로 온 물건들인데 이제 하나씩 보내야 했다. 50대까지만 해도 집으로 들어오는 물건이 많았는데 이제는 자꾸 내보내려 노력한다.

냉장고 문을 열어봤다.
"안녕? 오늘 정리 좀 해줄게."
하고 먼저 말을 걸었다. 이것저것 먹거리들을 살펴보고 청소하면서 몇 가지를 꺼냈다. 버릴까 하다가 언젠가 먹겠지 하던 것들이었다. 결국은 또 이렇게 버릴 것인데도 유예기간을 두었던 것은 아끼며 살아온 습성 때문이었다.

장롱문도 열어보고 차곡차곡 쌓여있는 이불이며 나란히 걸려있는 옷가지도 고마웠다고, 잘 입었다고 그렇게 말을 하면서 골라냈지만, 마음 한구석엔 여전히 미련이 남아 있었다. 창고도 뒤져보고 서랍들도 열어보고 '어, 네가 아직 있었어.' 이제 정말 버려야겠다고 생각하고 끄집어낸 것들이 커다란 비닐봉지에 가득 찼다. 한때 고마웠지만 쓰레기로 변신한 내 물건들이 담긴 봉지를 한 번 더 들여다본다.

어느새 이렇게 버릴 것들이 많아졌는지.

내가 유독 손대지 않는 한 곳은 책장이다. 그곳에도 정말 버려도 좋은 것들이 많은데 나는 그러지 못하고 그 부족한 공간에 가로로 세로로 자꾸만 새로운 책들을 포갠다. 그러다 보니 책들은 책장에서 나와서 안방에도 거실에도 나뒹굴어져 있다.

요즘 와서 최소한의 것만 가지고 살아야겠다는 생각을 많이 한다. 훗날 내가 있던 자리에 자식들에게 아무 쓸모 없는 물건들이 가득 남아 있길 바라지 않는다.

하지만 더 이상 물건을 사지 않겠다는 건 생각뿐이다. 가끔은 생각보다 더 빠르게 손이 일을 저지른다. 집안에 가만히 있어도 여러 매체는 어쩜 유혹을 그리 잘하는지 내 지름신(충동구매)은 머리에서 강림降臨하는 것이 아니고 손끝에서 광풍을 타고 나오는 듯하다.

가장 큰 문제는 물질적인 것이 아니라 마음 깊숙이 숨어 있는 아집이었다. 잊어버려야 하는데 절대로 잊히지 않는 것들, 용서해야 하는데 용서가 안 되는 일들, 사소한 상처마저도 쉽게 치료되지 않는 마음의 병이었다.

하루에도 몇 번씩 용서했다고 잊었다고 다 이해할 수 있는 것처럼 생각했는데 불쑥불쑥 튀어나왔다.

내 마음에서 버려야 하는데 버리지 못하고 자존심인 양 껴안고 있는 강한 아집을 버리고 또 버려야겠다고 오늘도 다짐한다.

보름밥

휴대폰 카톡방에 오곡밥과 나물을 정성스레 담은 사진들이 올라왔다. 그 사진들을 보고서야 '아, 오늘이 정월 대보름이구나.' 하는 생각이 들었다. 몇 년 전까지만 해도 잊지 않고 보름 밥을 꼭 해 먹었는데 지금은 절기의 흐름을 잘 잊어버린다.

대보름의 여러 풍습 중 귀 밝이 술이나 부럼을 깨는 것까진 하지 않아도 오곡밥과 나물은 해야겠다는 생각으로 시장에 갔다. 묵은 나물을 서너 가지 사고 나서 보름날에는 비린 것을 먹어야 한다던 엄마 말이 떠올라 생선도 샀다. 예전엔 피마자 잎 쌈을 먹었는데 올해는 그냥 김으로 대신해야겠다.

잘 무르지 않는 팥은 미리 삶고 찹쌀, 조, 수수, 콩은 각각 따로 씻어 멥쌀 위에 올려 압력솥 취사 버튼을 눌렀다. 고사리, 뽕잎, 가지 등 말린 나물과 무와 애호박, 시금치도 준비했다. 마음 같아선 아홉 가지 나물을 하고 싶었지만, 식구가 많지 않으니 다 먹지 못할 것이고 오랜 시간 여러 가지 음식을 하는 것도 이제는 힘이 든다.

보름 밥의 유래는 《삼국유사》에 따르면 정월 대보름에 까마귀가 신라 21대 소지왕 앞에 편지를 떨어뜨렸는데 편지 겉봉에 이것을 뜯어보면 두 사람이 죽고 보지 않으면 한 사람이 죽는다고 쓰여 있었다. 편지를 뜯어보니 '가야금 상자를 활로 쏘라'고 적혀있었다. 소지왕이 활로 가야금 상자를 쏘니 그곳에서 왕비와 신하가 간통하며 역모를 꾀하다가 놀라서 나왔다고 한다. 한 사람이 죽는다는 것은 왕이었고 두 사람이 죽는 것은 왕비와 신하였다.

이후 임금은 자신의 목숨을 구해준 까마귀에게 보답하는 마음으로 정월 대보름을 까마귀를 기리는 오기일烏忌日로 선포하고 까마귀 색을 닮은 잡곡밥을 지어 먹었던 풍습이 지금까지 내려오고 있다고 한다.

어릴 때 고향에서도 여러 가지 보름 행사를 했었다. 그중

하나인 보름 밥은 정월 열나흘 이른 저녁에 가마솥에다 좋아하는 잡곡을 넣고 한 솥 가득 밥을 지었다. 동네 아이들은 큰 양푼을 들고 이웃집에 가서 보름 밥을 얻었다. 그건 동냥의 의미와는 달랐다. 서로 정을 나누는 것이었다. 몇 집을 돌다 보면 그제야 어둠이 내려앉는다. 각양각색의 잡곡밥들로 양푼이 가득해졌다. 같은 잡곡인데도 집마다 잡곡을 다르게 섞어서 지었기에 색깔도 맛도 조금씩 달랐다.

정월 열나흘, 그날부터 대보름날까지 설과는 또 다른 명절이다. 설은 조상을 기리고 예를 다해 차례를 지냈다면 보름은 이웃과 화목하게 한 해의 풍년을 바라며 달집태우기 들불놀이 다리 밟기 줄다리기 농악놀이 등 흥겨운 놀이로 마을의 공동체를 공고히 하는 날이었다.

잠깐 옛 생각을 하는 동안 어느새 밥솥에서 고소한 잡곡밥 냄새가 나고 묵은 나물과 제철 나물들을 볶아내느라 더 빨라진 나의 손끝에서 참기름 들기름 향이 빠져나와 밥 냄새와 함께 온 집안에 퍼지며 코를 자극한다.

"어, 보름 밥 했네용."

"응, 그냥 지나치긴 아쉬워서 이렇게라도 챙겨 먹으려

고."

 퇴근하고 막 집에 들어온 딸과 나의 대화다. 비록 이웃과 나누지는 못했지만 3대가 식탁에서 보름에 대한 이야기 달근달근 나누면서 햇볕의 맛이 깊이 들어있는 잡곡밥과 갖가지 나물로 잊혀가는 우리 풍습들을 식탁 위에 풀어놓았다.

 식구가 다 모여 살 때는 절기마다 세시풍속을 다 찾진 못해도 정월 대보름이나 이월, 삼월 삼짇날, 오월 단오 정도는 간단하게 풍습에 따라 음식을 해 먹고 놀이도 즐기곤 했는데 이제는 그런 날들은 점점 잊혀간다.

3

그립고 또 그립다

그립고 또 그립다
산수유 꽃이 피면
흰머리는 나이를 모른다
아버지의 지게
엄마의 아미타불
나의 시어머니
애물단지
늦가을과 초겨울 사이

그립고 또 그립다

어느새 봄이 베란다 창틈으로 살포시 들어왔다.

몇 그루 남지 않은 화분 속의 꽃식물들이 햇볕을 쬐며 겨우내 꽁꽁 얼었던 몸을 녹이고 있다. 지난겨울은 춥기도 했지만 모든 것이 귀찮았다. 종일 현관문 밖으로 나가지 않을 때도 있었고 소파에 우두커니 앉아서 몇 시간을 보내기도 했다. 맞은편 벽에 걸린 가족사진을 바라보면서 잠자고 싶지 않아서 두 눈을 짓누르는 잠의 무게를 이겨내느라 머리를 흔들어가며 텔레비전 채널을 돌리기도 했다.

어느 날 커튼을 열고 내다보니 나의 작은 베란다 정원에 죽음의 그림자가 드리워져 있었다. 겨우내 한 번도 문을 열지 않은 것도 아니었는데 그제야 눈에 들어왔다. 향기롭진 않아도 화사하게 꽃을 잘 피우던 제라늄 서너 분과 여름과 가을에 걸쳐 겨우 꺾꽂이에 성공한 어린 제라늄들까지 모두 푸르뎅뎅하게 변해서 축 늘어져 있다. 지난 늦가을 따뜻한 공기에 봄인 줄 알고 꽃봉오리를 맺었던 양란과 영산홍도 바삭한 갈색 봉오리로 변해있었다. 십 년 넘게 함께하면서 해마다 귀한 꽃대를 선물하던 동양란마저도 회생의 기미가 보이지 않는다.

"미안하다. 잘 돌보지 못해서……."

나는 아픈 마음으로 중얼거렸다. 그러고도 며칠이 지나고 나서야 낡은 화분이랑 얼어버린 잎가지를 정리해서 쓰레기 봉지에 담았다. 그나마 구근류와 다육식물들, 처음부터 거실에 자리한 스파티필룸과 산세베리아만이 온전했다.

"웬 화분?"

꽃이라 부르지 않고 화분이라 부르는 것이 더 맞을 것 같은 커다란 초록색 화분을 안고 땀을 뻘뻘 흘리면서 현관으로 들어서는 그에게 물었다.

"당신 생일이잖아! 장미는 금세 시들어서……."

젊었을 땐 미리 달력에 표시하고 눈치를 줘서 장미꽃다발을 몇 번 받은 적이 있었다. 하지만 이건 뜻밖이다. 사무실 앞에서 샀다고 한다. 지하철과 버스를 타고도 십 분은 족히 걸어야 하는 거리, 더군다나 퇴근길 지하철은 지옥철이 아니던가? 자동차라도 운전해가던지. 이쯤 되면 우직함이 도를 지나 미련하다고 하는 게 옳다.

그 후로 난 남편에게 생일에 꽃은 안 사줘도 된다고 했었다. 그러나 계절이 바뀌어 내가 봄꽃을 사러 가노라면 슬그머니 따라나서서 화분을 안고 오는 건 언제나 남편이었다. 어느 해 그의 생일에 장미 한 송이를 내밀었더니 얼굴에 활짝 미소가 피었던 기억이 난다. 가끔은 화분에 물이라도 좀 주라고 하면 자기 손은 살갑지 못해서 꽃들을 다 죽일 거라고, 그저 바라보는 것이 좋다고 했었다. 그 말이 핑계일지라도 세심한 부분을 살피지 못하는 그로서는 진심이기도 했을 것이다.

지난여름, 미국서 공부하는 큰딸이 왔을 때 가족이 함께 그를 만나고 왔다. 향기는 없었지만, 생화보다 더 화려한 색을 뽐냈던 조화는 자주 들르지 않은 나를 원망하는 듯

색이 바래져 있었다. 딸들이 그가 좋아하던 빨간색 꽃으로 한 다발 사다가 바꾸어 주었다. 꽃나무 한 그루 심을 여지가 있었으면 좋았을 텐데 그땐 그럴 생각을 할 수가 없었다. 나는 그날 이후로 그곳에 가지 않았다. 아니 가고 싶지가 않았다. 함께해야 할 것들이 남았는데 먼저 가버려서, 엉킨 실타래처럼 애증이 가슴속에 뭉쳐있는지 모르겠다.

그해 겨울은 유난히도 추웠다. 하얀 눈이 쌓인 산자락에 그를 홀로 두고 오면서 그때도 '미안하다. 미안하다.' 는 말밖에 할 수가 없었다. 그래서인지 나는 해마다 겨울 앓이를 한다.

남편이 투병 중일 때 함께 산행하다가 데려온 산작약은 해마다 화분 속에서도 꿋꿋이 싹을 틔우며 하얀 꽃을 피워내고, 산세베리아도 여전히 씩씩하게 그 초록 화분에서 버티고 있는데, 아주 작은 사소한 것들에서도 희망을 찾던 우리는 꿈속에서만 만날 수 있었다.

하지만 이제 꿈에서 그를 만나고 싶지 않다. 그가 내 꿈이 아닌 새로운 곳에서 또 다른 사랑으로 태어나길 바란다. 밤잠 설치지 않고 온전히 그를 보내주고 싶다.

오늘 햇살 한줄기 떨어지는 화분에 산작약 새순이 자주

색 고운 빛으로 고개를 내밀고 추운 겨울날 갈색으로 말라 버린 영산홍도 새로운 꽃봉오리를 밀어내고 있다.

산수유 꽃이 피면

절대로 봄이 오지 않을 것 같은 날씨였다. 그런데 어느새 바람이 부드러워지고 코끝을 스치는 공기가 따뜻하다.

그냥 만나면 반갑고 헤어지면 그리운 사람들이 있었다. 오래전 불교 카페를 통해 인연을 맺어온 분들이다. 나이도 성별도 사는 곳도 다 다르지만 일 년에 한두 번은 함께 산사를 찾아가서 기도했다. 카페를 통해 안부를 묻고 경전 공부도 함께 했었는데 오랫동안 만나지 못했다.

그러다가 지난겨울 어렵게 만나서 옛이야기를 나누었다. 헤어지면서 못내 아쉬워서 산수유 꽃이 피면 다시 만나자고 약속했다. 언제 꽃이 피려나? 노오란 산수유 꽃이 언제 피어나려나? 기다리고 기다렸다. 벗도, 꽃도 보고 싶은 마음이 간절했다.

　삼월 중순이 되니 산수유 꽃 축제 소식이 들려왔다. 서둘러 만날 날을 정하고 기차표를 예매하고선 약속한 날을 손꼽아 기다렸다.

　드디어 그날이 와서 기차에 올랐다. 차창 밖으로 보이는 산야는 아직 푸르름을 띠지는 않았다. 안개처럼 뿌우연 빛으로 감싸인 나무들이 연둣빛을 만들어 내기 위해 안간힘을 다하는 것 같아 보였다.

　구례구역에 내리니 역사驛舍앞 화강암에는 역 이름에 대한 유래가 새겨져 있었다. 사실 표를 예매할 때부터 왜 구례역이 아니고 구례구역이지? 하는 생각이 들었던 터라 유심히 읽어보았다. 지역은 순천이지만 구례로 가는 입구라 구례구求禮口 역이라고 한다고 새겨져 있다.

　일행을 기다리는 짧은 시간에 대형관광버스들이 수차례 와서 승객들을 내려놓는 것을 보았다. 크지 않는 시골 역은 금세 북새통을 이루었다. 도대체 저 많은 사람이 여기서 기차를 다 탈 수 있을까? 괜한 걱정이 들기도 했다. 경기가 어렵다는 말은 왠지 거짓말 같다. 잠시 기차가 머물다 가고 나니 그 많던 사람들은 흔적도 없이 사라지고 다시 역은 정적에 쌓였다. 훈훈한 남녘의 공기가 역 안을 한 바퀴 쓰윽 돌고 나갔다.

　잠시 후 구례에 사는 지인이 차를 가져왔다. 참 따듯한 사람이다. 그 예전에도 구례에서 선뜻 우리를 집으로 초대하고 맛있는 밥상과 잠자리를 준비해주었다. 모두 처음 본다는 어색함은 그의 친절함에 사라지고 같은 종교란 이유만으로도 오랜 지기처럼 이야기꽃을 피우며 화엄사며 천은사, 사성암 등을 순례했던 기억이 새롭다.

　차를 타고 산수유 꽃 축제가 열리는 산동마을로 향해 달리다 보니 초록 봄은 보이지 않지만, 연노랑 봄이 가로수 가지마다 수줍게 웃으며 매달려 있었다. 이곳 산수유는 지리산 자락에서 서시천 변을 중심으로 상위마을 하위마을 지리산 온천 랜드까지 이어져 있었다. 수백 년 전부터 피워온 이 꽃은 구례의 상징이기도 하다.

　차는 거북이걸음을 한 지 오래되었다. 겨우 예약한 숙소에 이르니 이미 땅거미가 내리고 있었다. 우리는 호들갑 떨지 않는 그런 반가움으로 먼저 온 일행과 만나서 저녁을 먹었다. 임시 야시장을 구경하면서 먹음직스러운 바비큐를 막걸리 한잔과 먹었다. 그리곤 줄지어 앉아있는 관상쟁이

한테 손금도 보고 곡예단의 쇼도 구경했다. 야시장 구경을 끝내고 숙소로 돌아오는데 밤하늘의 초롱초롱한 별들이 곧 지상으로 내려올 것같이 아름답게 빛났다. 우리들은 나란히 잠자리에 누워 도란도란 옛이야기를 나누기도 하고 쓸데없는 구업口業을 짓다가 잠들었다.

편안한 꿀잠을 자고 나와 보니 도로는 이미 주차장이 되어있었다. 산수유 꽃보다 행사장 건물들과 현수막, 사람들과 차가 더 많아 보였다. 기대와는 달리 산수유 꽃은 샛노란 꽃잎을 방실거리는 것이 아니라 피곤함에 지친 듯 연노랑빛을 띠고 힘들게 버티고 있는 것처럼 보였다. 꽃이 더 아름다워 보이는 그런 축제였으면 하는 맘이 들었다. 그래도 좋은 벗들 만났으니 그냥 갈 수 없지, 고목에 핀 예쁜 꽃을 찾아서 저마다의 스마트폰으로 찰칵찰칵 추억을 담았다.

'영원한 사랑을 찾아서'
산수유의 꽃말이다.
아주 오래전 그 사람과 구례에 왔던 적이 있었다. 처음 산수유 군락지를 봤을 때 그렇게 어여쁠 수가 없었다. 작은 시골 마을 언저리를 감싸듯이 군데군데 노란 병아리 빛을 하고서 우리를 반겨주던 그 정취가 참 좋았다. 그와 슬그머니 손잡고 함께 봤던 마을 앞 작은 폭포 주변에 소담스레 피어서 물빛이 더 좋아 보였던 그 산수유 꽃은 늘 내 마음에 담겨있었다.

구례에 다시 가면 그 사람도 그때 그 산수유 꽃도 볼 수 있으리라 생각했다. 그가 말없이 슬그머니 내 손을 잡아줄 것만 같았다. 하지만 그곳은 옛 정취도 느낄 수 없었고 그 사람도 없다는 것을 가슴 깊이 담아야 했다. 그토록 영원한 사랑이라고 믿었던 그는 어디에도 없었다.

일행과 헤어져 집으로 오는 길에 나는 생각했다. 지인들을 만나러 간 게 아니고 그 사람을 찾으러 갔던 것은 아니었을까? 하고. 이제 산수유 꽃이 피길 기다리지 않을 것이다. 그를 다시는 만날 수 없다는 것을 깜박깜박 잊어버리는 내가 너무 가엾다.

흰머리는 나이를 모른다

 열어놓은 창으로 장미꽃 향기를 실은 초하初夏의 바람이 들어왔다. 햇살 또한 평화롭기 그지없이 거실 깊숙이 들어와 나의 공간을 엿보고 간다. 휴일이라 아침 겸 점심을 먹은 후 남편은 이발소에 가고 난 음악을 틀어놓고 청소와 빨래를 하다 보니 나른한 한낮이 지나 있었다. 그때 남편이 검은 비닐봉지를 덜렁덜렁 흔들면서 들어온다. 좀처럼 혼자 나가서 뭔가를 들고 온 일이 없는 남편이지만 저 안에 무엇이 들었을지 짐작이 갔다.

"지금 하자."
"지금?"

야구 중계를 보고 싶은 남편은 텔레비전에 눈을 두고 마땅찮은 반응을 보였다. 하지만 어두워지면 잘 안 보인다는 내 말에 겉옷을 벗고 내 앞에 앉아 머리를 약간 숙였다.

난 손을 깨끗이 씻고 간편한 옷차림을 한 후 비닐봉지에서 염색약을 꺼내서 골고루 잘 섞은 다음 솔빗에 묻혀서 정성스레 남편의 머리에 바르기 시작했다. 특히 눈에 잘 띄는 앞쪽 머리와 귀밑 부분에 더 많이 신경을 썼다. 남편의 머리는 지난번 염색 때보다 더 힘이 없고 약간 곱슬곱슬해져 있었다. 염색하느라 위에서 내려다보니 반백인 정수리가 훤하다 못해 휑하다. '이이 머리가 너무 많이 빠졌구나!' 가족을 위해 온갖 스트레스를 받으면서 힘들었을 생각을 하니 가슴 한편이 아려왔다.

우리가 처음 만났을 때는 직모直毛에다 유난히 머리도 검고 숱도 많은 남편이었다. 그때는 흰머리가 생기거나 숱이 적어질 거라는 생각조차 하지 못했다.

"우와! 멋지다. 남궁원보다 우리 남편이 훨씬 잘생겼다."
염색약으로 붙여 올린 머리가 근사해 보이기도 하고 가족들을 위해 고생하는 남편 기도 한번 살려주고 싶어 치켜세워 주었다. 남편도 씩 웃는다. 십여 분의 시간이 흐르고 염색이 끝났다. 이제 20분 정도 지나고 머리를 감으면 아마 남편은 훨씬 더 젊고 멋져 보이겠지.

이젠 내 차례다. 어쩌다 보니 우린 둘 다 머리가 빨리 세었다. 유전인지 스트레스 때문인지 40초반부터 생기기 시작한 흰 머리를 처음엔 족집게로 뽑던 것이 어느 날부터인가 족집게가 그 양을 감당할 수 없는 지경까지 갔다. 그래도 처음엔 염색하지 않으려 버텨보았는데 갈수록 흰 머리카락은 늘어만 갔다. 나이 들어 생기는 잔주름과 더불어 더 늙어 보이기까지 하고 벌써 흰머리라니 억울하다는 생각도 들고 해서 시작한 염색이었다.

남편 손에도 어느덧 비닐장갑이 끼워져 있고 염색약 묻은 솔빗이 들려있다. 좀 전에 떨었던 아부 덕분인지 아내의 흰머리가 안타까운지, 이 도령이 춘향이 태를 보듯이 "이리 보자, 저리 보자, 뒤돌아봐라, 앞이 더 많구나." 하면서 갖은 정성으로 염색약을 발라준다. 키 차이가 크게 나는 덕분에 남편은 앉았다가 섰다가 무릎을 꿇기까지 한다. 아내 머리를 염색해주느라 이마엔 땀이 송골송골 맺혔다.

수십 년 동안 살면서 어찌 좋은 날만 있었겠는가? 싸우기도 하고 미워하기도 하고 절절히 사랑하기도 했다. 너무 가난해서 차비를 아끼려고 1시간 넘는 거리도 걸어서 다니고 시장에서 배춧잎을 주워서 된장국을 끓여야 했던 우리의 젊은 날들. 그 처절하던 시간도 추억이 되고, 이제는 마주 보고 흰머리 감싸주며 옛 이야기하는 친구 같은 사이로 살게 되었구나 하는 생각이 들었다.

남은 세월도 함께 부처님 공부하면서 남편으로 도반道伴으로 친구로 그리 살 수 있다면 난 결코 잘못된 삶을 사는 건 아닐 것 같다는 생각이 든다.

검은머리 파 뿌리 될 때까지……. 어느 주례사의 이야기는 아주 늙어 흰머리가 많이 생길 때까지 오래오래 잘 살라는 뜻인데. 우리의 흰머리는 나이도 모르고 생겨났다. 그래도 우리는 여전히 마주보며 염색을 하겠지. 아주 먼 훗날까지.

염색이 필요 없을 땐 또 다른 무언가를 함께하면서 가슴 속에 응어리진 미움이나 섭섭함은 다 버리고서 남은 인생길을 함께 산책하리라.

아버지의 지게

아래채에는 가마솥이 걸린 사랑방과 창고가 있고 그 옆에 문도 달지 않은 헛간이 있었다. 그 헛간에는 변소와 거름더미가 있고 거름더미 옆에는 늙은 개 '도꾸'와 지게가 있었다. 아버지는 지게를 지고 나면 언제나 헛간에 넣어두었다. 비를 맞을까봐 염려해서였지만 실상 지게는 다 낡았다. 해진 어깨끈은 가끔씩 짚으로 땋아서 새로 바꾸기도 했지만 두 다리는 반질반질 손때 묻고 닳아서 본래 길이보다 작달막했다.

처음 아버지가 지게에서 꿈쥐 하나를 꺼내준 건 아마 내 나이 대여섯 살 때였지 싶다. 지게 가득 나무를 지고 온 아버지가 나뭇가지에 달린 알록달록하고 동글한 열매 모양 하나를 나뭇짐 속에서 꺼내주었다.

"자 이것 봐라. 꼼쥐다."

꼼쥐! 그 생소한 이름과 함께 내 기억 속에서 아버지한테 받은 첫 번째 선물이자 노리개였다. 정말 예쁘고 신기했다. 며칠을 가지고 놀다 보니 그것은 말랑해지면서 색도 바래고 모양도 쪼그라졌다.

그 후로 지게에서 나온 꼼쥐는 철에 따라 달랐다. 아버지는 내가 좋아할 것 같은 귀하고 앙증맞은 것을 숨겨 와서는 꼼쥐라는 이름을 붙여주었다. 꼼쥐는 풋풋한 다래나 머루, 때론 개암이나 돌감이었고 어떤 땐 방긋방긋 웃고 있는 진달래 한 묶음일 때도 있었다.

아버지의 지게는 나뭇짐이나 꼼쥐만 나오는 게 아니었다. 똥장군을 지기도 하고 보릿고개를 넘기도 하며 온갖 곡식이나 과일을 옮기는 아버지의 단짝이었다.

애지랑을 떨며 쫄랑쫄랑 아버지를 따라다니던 나는 지게가 보이지 않도록 짊어진 볏단과 푸른 심줄이 울퉁불퉁한 아버지 장딴지가 자꾸만 눈에 들어왔다. 어린 마음에도 아버지가 힘들어 보여서 우리 논은 왜 이리 멀리 있느냐고 물어보면 할아버지 할머니가 일찍 돌아가셨다며 이런 이야기를 들려주었다.

　아버지 나이 열다섯에 할아버지와 할머니가 전염병으로 한꺼번에 돌아가시고 홍수로 인해 집마저 물에 떠내려가니 아버지는 어린 동생 셋을 데리고 천애 고아가 되었다. 같은 마을에 불같은 성격인 작은할아버지가 사셨는데 아버지는 동생들을 데리고 작은집에 얹혀살았다. 작은집에서 스물일곱 살에 엄마와 결혼하고 일 년 정도 더 살다가 분가를 하셨는데 그때는 동네 전답의 절반을 차지하던 할아버지의 토지는 작은할아버지의 노름밑천으로 다 사라지고 묵정밭 몇 뙈기밖에 남지 않았다.

　아버지는 산 아래 있는 절 논 두 마지기를 부치면서 처자식을 위해 어깨가 다 허물어지도록 지게를 지고 다녔다. 지게를 지는 일, 그것밖에 그때는 할 수 있는 일이 없었다고 했다. 할아버지가 살아계셨을 때 아버지는 '국민학교'까지 다닐 수 있었지만, 그 학력이 지게를 벗어나게 해주지는 못했다. 다만 올바르고 꿋꿋하게 사는 데 힘이 되고 자식들을 교육하고자 하는 욕망의 끈이 될 수는 있었다. 조금씩 전답이 늘어나는 만큼 아버지의 어깨는 더 굳어지고 장딴지의 심줄은 더 굵어졌다. 아버지의 지게도 몇 번이나 바뀌면서 지게 위의 짐들도 바뀌었다.

아버지는 예순을 눈앞에 둔 어느 날 두 다리가 몹시 아파 병원에 갔다. 척추 이상으로 고관절이 모두 삭았다는 의사의 말과 함께 아버지의 두 다리는 힘없이 내려앉았다. 일 년여에 걸쳐 양쪽 다리에 인조 뼈를 심는 수술을 하고 힘겹게 투병하실 때도 나는 그 절절한 아픔을 헤아리지 못한 철부지 딸이었다.

아버지는 몸이 아파도 아버지고, 아버지는 힘들어도 아버지고, 아버지는 외로워도 그냥 아버지인 줄 알았다. 아니, 나는 그렇게 느꼈다. 언제나 든든한 나의 버팀목인 줄 알았다.

"아버지, 의사가 척추 세 개가 아주 오래전에 다쳐서 망가졌다는데 언제 다쳤어요?"

아무리 생각해도 앓아누운 아버지를 본 기억이 없어 물어보니 한참이나 대답이 없다가 무거운 입을 떼셨다.

"아버지 돌아가시고 삼촌 집에서 사는데 동생들도 있고 숙모 눈치가 보여서 겨울에는 깊은 산에 들어가 숯가마에서 일했다. 숯 나무를 해서 지게에 지고 오다가 넘어져서 다쳤다. 너무 아파서 산에서 엉금엉금 기어 내려왔는데 삼촌이 알면 혼날까 봐 동네 머슴살이하는 친구 머슴방에서 한 달을 꼼짝 못 하고 누워서 똥물을 먹고 나았다."

초점 흐린 아버지의 눈동자가 허공을 맴돌았다. 아버지의 눈을 쫓던 내 눈에서도 아픔 한 방울이 뚝 떨어졌다.

수술 후 아버지는 건강을 회복하고 아버지의 등에는 낡은 지게가 또다시 붙어 있었다. 자식들이야 건성건성 쉬어가며 하시라든가 그만하라고 하지만 그 말이 아버지 등에서 지게를 떼어주지는 못했다.

늙은 아내와 인생이란 짐을 지고 자식이란 희망을 가슴에 담아 무거워진 다리를 끌며 휘적휘적 걸어가던 어느 날 그놈의 허리가 또 한 번 아파졌다. 병원을 집처럼 드나들었지만 좀처럼 나을 기미가 보이지 않았다. 그러다가 피안의 세계로 갈 때가 되었던지 더는 집으로 가지 못하고 병원에서 머뭇거리고 있었다.

그해 내 생일날, 미역국 한 그릇 끓여놓고 병원에 누워계신 아버지께 전화했다.

전화기 너머 엄마 목소리가 들린다.

"여보, 서울 있는 큰 애, 전화 받아 봐요."

"아버지!"

"누고?"

"아버지 큰딸이지, 오늘 내 생일이라서, 아버지 나 낳아 주시고 잘 길러주셔서 고맙다고 전화했지."

"그래 오늘 니 생일이제, 생일 축하한다."

아버지 목소리는 힘이 없었지만 한 음절 한 음절 또박또박 말씀하셨다.

"아버지, 빨리 나아야지. 억지로라도 드시고. 아버지, 사랑해! 억수로 많이."

아버지와 나눈 마지막 대화였다. 아버지께 사랑한다는 말도 난생처음 했다. 내 자식과 남편에게 수없이 남발하던 '사랑해.'라는 말을 아버지한테는 한 번밖에 하지 못했다.

그리고 한 달이 채 못 돼서 아버지를 다시 만났을 때 아버지는 나를 알아보지 못했다. 아버지는 주머니 없는 수의를 입고 아주 평안한 얼굴로 영안실에 누워서 나를 맞았다.

떨어지는 내 눈물방울 속에 하얀 나비 한 마리가 아버지의 지게 위에서 나와 훨훨 자유롭게 날갯짓 하며 날아가는 것이 보였다.

엄마의 아미타불

동짓달의 산사는 을씨년스럽기 그지없었다. 산속 고찰의 대웅전답게 틀어진 문틈으로 칼바람이 뜨르륵 소리를 냈다. 가족들은 얼음장보다 더 차디찬 법당 나무 바닥에 무릎을 꿇고 기도를 하고 있었다. 외투를 걸치지 않은 남동생의 어깨가 사정없이 떨렸.

스님의 영가 법문에 맞추어 돌아가신 아버지를 위한 49재의 막재를 올리는 자리라 동네 어른들 몇몇 분도 함께 자리해서 아버지의 생전을 기억하며 극락왕생을 빌어 주고 있었다. 그런데 엄마는 주어진 자리에서 벗어나 아버지 영정 앞에 가서 어물쩍거렸다. 아니 정확히 말하면 아버지 사진 앞이 아니라 그 옆에 사진 없는 위패 앞에서 두 손을 비비고 계셨다.

"언니야, 엄마가 밥 먹으러 오래."

지금도 귓전을 맴도는 그 목소리, 내가 알고 있는 동생에 대한 유일한 기억이다. 땅거미 지는 저녁나절 엄마 심부름으로 친구 집에서 소꿉놀이에 열중인 나를 찾아와선 차마 집안으로 들어오지 못하고 친구 집 사립문에 기대어 나를 부르던 나지막하고 또랑또랑한 그 목소리를…….

그 애는 네살 때 홍역으로 이 세상을 떠났다. 엄마 말에 의하면 몇 날 며칠을 불덩이 같은 몸으로 사시나무 떨듯이 떠는데도 동네 점방에서 파는 사이다 한 병을 약인 양 먹이고 달래며 이불만 덮었다 걷었다 하며 애를 태웠다고 했다. 그러다가 그날 밤은 도저히 안 되겠다 싶어서 아이를 들쳐 업고 20리가 넘는 면 소재지 보건소를 향했다고 한다. 농한기에는 산판 일에 매달려 살았던 아버지는 집에 오지 않은 지 며칠 되었고 엄마 혼자 불덩이 같은 아이를 업고 인적 없는 산길을 온몸에 땀이 배도록 뛰어갔지만 그 날따라 보건소에 의사는 없었다.

돌아오는 길에 축 늘어진 몸뚱이로 엄마 등에 매달려 있던 동생이 들릴듯 말 듯이 한 마지막 말은 물을 달란 소리였다.

"엄마, 물 ~."

"그래, 조금만 참아. 외갓집에 가서 먹자."

엄마는 힘이 다 빠져버린 다리를 끌며 발걸음을 재촉했다.

면 소재지에서 우리 집 오는 중간지점에 외갓집이 있었다. 엄마가 외갓집에 도착했을 때는 이미 새벽녘이었는데 땀으로 범벅이 된 엄마 몸과는 반대로 동생의 몸은 싸늘히 식어 있었다. 내 동생 남숙이는 아무도 눈뜨지 않은 이른 아침에 그렇게 돌무덤 속으로 사라졌다. 동생을 외갓집 동네 동산에 묻을 때 엄마의 가슴속에는 커다란 혹 하나가 생겼다.

그 혹은 언제나 엄마를 짓누르는 돌덩이였다. 맛있는 것을 먹을 때도 좋은 옷을 보아도 명일命日조차도 챙겨줄 수 없는 돌무덤 속의 어린 딸에 대해 애절함을 떨쳐낼 수가 없었다. 그래서 엄마는 자주 아프고 동생 꿈을 꾸며 밤잠을 설치고 자다가도 벌떡벌떡 일어나곤 했다.

훗날 내가 어른이 되고 난 후 엄마는 가슴속 깊은 곳에 있는 혹에서 조그만 조각 하나를 떼어내듯이 나에게 그 이야기를 들려주곤 했다.

그때 '엄마 물~.' 하던 소리가 너무도 가슴 아프다고, 아이를 내려서 빈 젖꼭지라도 빨게 할 것을, 하시면서 눈물을 글썽이셨다. 하지만 세월이 아무리 흐르고 나에게 떼어 준 혹의 조각들이 많아도 엄마 가슴속에 있는 그 커다란 혹 덩이는 절대 줄어들지 않았다.

아버지의 49재를 절에 올리면서 천도 잘하는 노老스님한테 엄마는 말했을 것이다. 오십 년 가까이 엄마 가슴속에 자리한 애달픈 딸 이야기를, 그래서 아버지 위패 옆에 동생 위패가 나란히 세워져 있었다.

엄마는 아버지 제사는 별 관심이 없어 보였다. 살아계실 때 오랜 세월 병간호하신 걸로 당신 일 다 하셨다 생각하는지도 모를 일이다.

아픈 딸, 병원 한 번 제대로 못 데려가고, 저승 가는 길에 목말라하던 어린 딸에게 물 한 모금, 젖 한 모금 주지 못했던 미어지는 가슴을 쓰리 쓰리 풀어내며 아미타불을 부르고 있을 것이다. 푸르스레 얼어있는 두 손 맞붙여서 비비고 또 비비고 뻣뻣이 굳은 두 다리를 방석조차 깔지 않은 법당 마루에 굽혔다 펴기를 반복하는 저 간절한 기도, 아마 살을 에는 추위쯤은 느끼지도 못하리라. 모든 재의식이 끝나고 이승에 남아 있던 잔재들을 불태워버리는 마지막 의식에서 나는 아버지의 영혼도 내 동생의 영혼도 아픔 없는 세계에서 편안하길 바라며 엄마의 그 커다란 혹도 이제 툭 튀어나와 그 불 속으로 들어가 다 타버리길 바랐다.

  그러나 엄마는 아버지 가시고 몇 년이 지난 지금도 치매 걸린 사람처럼 쓰린 가슴을 부여안고 가끔 동생 이야기를 뱉어낸다.

살아간다는 것은 살고 있는 게 아니다. 살아내는 것이다.

나의 시어머니

시집살이 첫해 무더운 여름날, 콩밭을 매러 가는 어머님을 따라갔다.

나는 콩밭 이랑에서 어머님의 절반이라도 해볼 요량으로 열심히 호미질 하는데, 그런 나를 미소띤 얼굴로 보시더니 어머니께서 당신 이야기를 들려주셨다.

"너의 아버지는(시아버지) 장사꾼이었어. 일 년 내내 장사하러 다니다가 어느 날 와서 머물다 가면 자식이 생겼어. 그렇게 7남매를 두고 훌쩍 가버렸다. 객사客死를 해서 돈을 어디 얼마나 두었는지 알 수 없었어. 아무것도 없이 홀시어머니와 어린 자식이 내게 남겨졌지. 어떻게 살아갈까? 눈앞이 캄캄했다. 생각 끝에 두부를 만들어 팔고 비지는 식구들이 먹으면서 살았어."

어머니는 호미질하면서 당신의 고달팠던 긴 삶을 내게 풀어 놓으셨다. 그날 이후 어렵고 멀기만 하던 어머님에 대한 감정이 한결 편안해졌다. 2년 정도 시골에서 지냈지만, 어머님은 나를 은근히 칭찬은 하셨지만, 꾸중한 적은 없었다.

그분은 시대의 경계선에서 외롭게 살고 있었다.
한번 가본 곳은 어떤 곳이라도 다시 찾아갈 수 있는 총기聰氣를 가졌지만, 당신 이름 석 자도 쓸 줄 몰랐다. 오십 중반의 나이인데도 비녀 머리를 하고 한 번도 파마해본 적이 없다고 했다. 환경이 그렇게 만들었을 것이다. 그런 어머니의 삶이 존경스럽기도 했지만 안타깝기도 했다.
나는 시집살이의 고단함이 몸에 익을 때쯤 다시 도시로 나왔다. 학생이었던 남편이 졸업하면 어머님을 모셔야지 생각했다. 함께 살면서 글자는 꼭 가르쳐주고 파마도 해드려야지 하고 마음먹었다. 그리고 그분 맘속에 응어리져 남아 있는 기나긴 이야기를 풀어내게 하고 싶었다. 그런데 그해 초겨울 어머님은 중풍으로 쓰러지셨다. 우리는 쓰러진 어머님을 모셔왔다.

　매일 천장에 달아둔 동아줄을 잡고 일어나 걷기운동을 하고 수시로 의원을 모셔 와서 침을 맞고 했지만 특별한 차도는 없었다. 남편과 나는 교대로 대소변을 받아내고 목욕과 운동을 시켰다. 주말이 되면 손위 시누이가 와서 함께 도왔다. 그러는 중에 둘째 딸이 태어났다. 딸과 어머님이 함께 방안에 누워서 지내기를 일 년도 더 지난 어느 날이었다.

　"너는 나와 같이 누워 있었는데 어느새 일어서는구나! 나는 언제 일어날꼬."

　하시며 이제 막 붙잡고 일어서는 우리 딸을 보고 깊은 한숨을 쉬셨다.

　어머님을 모셔올 때 나는 만삭이었다. 아기가 태어나고 뒤집고 기고, 서는 것을 보고 당신과 비교되는구나 싶었다. 눈시울이 뜨거워지고 목이 메었다.

　시간이 흘러 바쁜 농사일을 끝낸 큰동서가 어머님을 모셔갔다. 그로부터 보름 후 어머님은 돌아가셨다. 말문을 닫고 사흘 동안 자는 듯이 눈을 감고 있다가 가셨다. 나는 처음으로 사람이 죽어가는 모습을 지켜봤다. 장례를 치르는 내내 죄스러운 마음을 가눌 길 없었다.

"어머님 왼손으로라도 숟가락질을 해보세요. 반찬도 집어보세요."

왼손마저 굳어질까 봐 어머님을 위하는 것이라고 내가 떠 먹여주던 밥숟가락을 손에 쥐여 주기도 했다. 식사 후 빼어놓는 어머님 틀니를 칫솔질할 때, 미끈거리는 촉감이 여간 거북한 게 아니어서 고무장갑을 끼는 유난을 떨기도 했었다. 그렇게 빨리 가실 줄 몰랐다. 잡고 일어서기도 하고 발을 떼기도 했는데…….

좀 더 살갑게 대할 것을, 그땐 참 어리석었고 철이 없었다.

사람들은 하늘길이 열리는 음력 유월에 가셨다고 좋을 때라고 웅성웅성 이야기했다. 궂은 비 추적추적 내리는 출상 날, 잘 차려진 상을 보면서 저 좋은 과일들 살아생전 마음껏 드릴 수 없었던 내 설움에 꺼이꺼이 소리 내어 울었다. 나는 어머님께 한 마음속의 약속을 지키지 못했다. 한글도 가르쳐 드리지 못했고 파마 대신 긴 머리를 싹둑 잘라 모양 없이 만들어 버렸고 맛있는 음식도 해주지 못했다. 그래서 마음이 더 아팠다.

지금도 아련히 떠오르는 기억들이 가슴을 저민다.

어느 날 같은 마을 당숙모께서 좀 오라고 전화를 하셨다. 그곳엔 어머님과 당숙모님, 방물장수가 함께 있었다.

"야야, 필요한 것 골라봐라."

어머님은 특유의 잔잔한 미소를 지으시며 말씀하셨다.

나는 그 시절에 신식 화장품을 사용하고 있었지만 아무 말 없이 동동 구리무 하나를 기쁜 마음으로 골랐다. 맏동서 내외와 어머님과 함께 살고 있던 나는 왜 어머님께서 당숙모 댁에서 나를 부른 것인지 알기에 가슴이 찡했다.

어머님은 감꽃처럼 순박한 눈웃음을 잘 지으셨다.

큰 키에 검은 피부였지만 목과 허리가 길어서 키가 더 커 보였다. 머리를 감거나 세수를 할 땐 윗옷을 벗어서 개어 놓았으며 긴 머리를 가다듬으며 은비녀 하나 살포시 꽂으며 머리 손질을 끝내는 모습이 아직도 기억에 남는다.

-내 서툰 글이 어머님 삶을 잘못 표현하지나 않았을까 조심스럽다. -

애물단지

오래전부터 어떻게 할까 생각하던 고민거리가 있있다. 늘 장롱 깊은 곳을 떡하니 차지하고 앉아 있는 목화솜 이불 한 채! 나와 함께한 지 오래 되었지만, 신혼 초를 빼곤 따뜻하게 덮어본 기억이 별로 없다. 아이들이 태어나고 자라면서 혹시 똥오줌이라도 지릴까, 물이라도 쏟을까 봐 깊이 넣어둔 후론 관심조차 없었다.

그런데 언제부터인가 장롱문을 열 때마다 이 녀석이 눈에 거슬리는 것이다. 버리자니 아깝고 그냥 두자니 무거워 덮지도 않는데 퀴퀴한 냄새마저 나는 듯해서 정말 신경이 쓰였다. 어쩌면 이 애물단지는 돌아가신 시어머님 손길이 남아 있는 유일한 물건이라서 더 버릴 수 없었는지 모른다. 손수 심었던 목화를 타서 만든 이불로 우리의 혼인 예물로 주신 것이다. 요즘 이불솜처럼 깃털같이 가볍고 포근한 느낌은 아니지만, 솜을 많이 넣어서 목화솜 특유의 묵직하면서도 따스함이 웬만한 웃풍에는 끄떡도 없던 이불이었다.

'솜 탑니다.'

길거리 전봇대에 붙어있던 문구가 떠올랐다. 며칠을 망설이다가 전화해보니 솜을 타서 이불을 만들어 준다는데 여간 비싼 게 아니다. 차라리 새 이불 사고도 남겠다는 생각이 들었다.

'이걸 버려, 그냥 둬? 또 며칠을 고민하다가 솜만 탈 수도 있느냐? 고 물어보니 그렇게도 해준단다. 솜만 타 와서 내가 이불을 한번 만들어 볼까 엉망이 되면 어쩌지 그냥 버릴까? 온갖 생각으로 머리가 아팠다. 그러다가 서툴지만 내가 한번 만들어 보겠다는 마음과 어머님이 주신 이불을 오래도록 간직하겠다는 마음이 합해져서 결국은 솜을 새로 타기로 했다.

솜을 맡기고 일주일 정도 되었을 때 아저씨가 이불솜을 틀어 갖고 왔다. 삯이 만 팔천 원이었다. 설레는 마음으로 솜을 받아서 두 팔 크게 벌리고 솜뭉치를 가슴에 안아보았다. 포근하기 그지없었다. 누렇고 눅눅하고 단단하게 붙어 있던 솜은 구름처럼 몽실몽실 뽀얗게 변해있었다. 숨어있던 까뭇까뭇한 목화씨 껍질까지 보여서 더욱 정겹게 느껴졌다.

헌솜을 싸고 있던 누리끼리하고 꾀죄죄한 속싸개도 세제와 표백제를 듬뿍 넣고 삶아 빨았다. 그리고 섬유유연제로 향긋하게 헹구어서 햇볕 잘 드는 베란다에 널어두었다. 바짝 말라 뽀송뽀송해진 무명천을 보니 새것을 사려고 했던 마음을 접고 세탁하길 잘했단 생각이 들었다.

다음 날 아침부터 거실 바닥에 속싸개를 말끔히 손질해서 깔아놓고 몽실몽실한 솜을 얼굴에 대어보고 꾹꾹 눌러보고 만져보았다. 감촉이 너무 좋아 콧노래가 절로 나왔다. 솜 한 켜를 조심스레 떼어내어 깔아놓은 속싸개 위에 올렸다. 그러나 솜은 생각만큼 예쁘게 펼쳐지지 않고 솜뭉치들이 나를 따라 일어서려고 했다. '혼자서 솜을 펼치는 일이 쉽지 않구나!' 느끼면서 이리저리 부산을 떨어 보지만 솜털만 너덜너덜 옷에 붙고 이불은 제대로 각이 잡히지 않았다.

안방에선 전날 산행을 한 남편이 느긋하게 늦잠을 자면서 꿈속을 노니는지 '푸아 드르릉, 크아 드르릉, 음냐 ~ 음.' 잠꼬대를 하며 코까지 곤다.

"자요? 자아? 신랑 자는 거야? 눈 좀 떠봐, 8시가 지났는데……."

코맹맹이 소리를 내며 갖은 애교를 부려 봐도 반응이 없다.

'일어나서 좀 도와주면 될 것인데 어이구! 인정머리라고는.' 구시렁구시렁 하면서 방문을 열었다 닫았다 수선을 떨어보았다. 그제야 아내의 속마음을 알아챘는지 더는 늦잠을 잘 수 없겠다 싶었는지 슬그머니 일어나서 거실로 나왔다.

남편과 마주 보며 솜을 맞잡고 뒤집어 놓은 속싸개 위에 한켜 한켜 올려놓기를 몇 번 하고 나니 솜 모양이 제법 이불다운 태가 났다. 가장자리부터 돌돌 단단히 말아서 숨구멍을 이용해 뒤집었다. 숨구멍을 감침질하려고 바늘에 실을 꿰는데 아무리 바늘귀에 실을 갖다 대어도 자꾸만 밀어낸다. 눈에 붙은 안경을 올렸다 내렸다 하며 짜증을 내고 있으니 말 없는 남편 손이 슬며시 실과 바늘을 가져가서 꿰어주었다.

　숨구멍을 메우고 듬성듬성 시침질로 솜을 누비질해주니 그럴듯한 솜이불 한 채가 만들어졌다. 미리 준비해둔 분홍빛 원단에 나비 자수가 수놓아진 홑청을 입혀보니 오랜 시간 애물단지였던 이불은 어여쁘고 햇솜 향기 솔솔 나는 포근한 이불로 변했다.

　'내가 이불을 만들었어!' 그 기쁨이란 말로 표현할 수 없었다. 내친김에 남은 솜으로 딸아이 이불을 하나 더 만들었다. 딸 이불은 보랏빛 면 실크로 홑청을 만들어주었다.

　비록 세련된 솜씨는 아니지만 하얀 솜먼지 폴폴 날리면서 이불을 만들고 구름 같은 솜이불 위에서 데구루루 뒹굴며 기뻐하는 딸아이의 예쁜 웃음을 보며 함께 즐거워하는 일상이 참 좋다.

　가만히 불러 보고 싶은 그 이름 어머님! 보고 싶습니다.

늦가을과 초겨울 사이

 올해는 유난히 가을이 짧은듯하다.
 언제 단풍이 들었나 하는 생각을 할 겨를도 없이 낙엽이 쌓이고 눈발이 희끗거리고 기온이 영하로 뚝 떨어졌다. 그래도 왠지 아직 은 가을이라고 생각되는 이 마음은 무엇인지.
 시도 때도 없이 아파트 뜰에서 포르르 떼를 지어 다니던 참새는 다 어디로 갔을까? 푸드덕 날갯짓하며 날아와서 먹이를 찾아 종종대던 비둘기도 눈에 띄지 않고 뜰에 터 잡고 살던 고양이들마저 한 마리도 보이지 않는다.
 아직은 가을인 듯한데, 늦가을인 것 같은데……

내게는 시동생이 딱 한 사람 있었다.

순수하고 세상 이치에 밝지 못했지만 그래도 축구, 야구 좋아하고 공부 잘했던 막내였다. 그가 지난 시월 갑자기 이승을 떠났다. 슬픔도 아픔도 느낄 수 없을 만큼 갑작스러운 죽음이라 가족들은 황망함 속에서 그를 보냈다.

그가 고등학생일 때 처음 형수와 시동생으로 만났다. 남편과 셋이서 단칸방에서 커다란 목화솜 이불 속에 나란히 발을 넣고 이야기도 나누고 같이 밥을 먹고 친동기처럼 몇 년을 함께 살기도 했었다. 그의 교복을 빨아주고 어느 날은 리포트 숙제를 해주기도 했다. 형편없는 내 실력에 다음부턴 부탁하지 않았지만, 그렇게 함께 세월을 이기며 그는 대학을 졸업했다. 남편보다 먼저 '현대자동차'에 취직하던 날 얼마나 기쁘던지, 첫 월급을 탔다며 형수님 것이라고 분홍빛 내의 한 벌을 사 왔을 때 코끝이 찡했다.

좀 더 잘해줄 걸 언제나 지나고 나면 그런 생각이 든다. 좀 더 잘해줄 걸.

착하고 고운 동서 만나 아들딸 남매 낳고 잘살았는데, 운명의 신은 그를 가만두지 않고 오랫동안 마구 흔들어대더니 홀연히 그를 데리고 가버렸다.

지난주 그를 보내는 49재 중 마지막 재가 있는 날이었다. 손주를 돌보고 있는 나는 평일이고 멀기도 해서 막재에 갈 수 없을 것 같았다. 그래도 그냥 보내기 너무 안타까워서 그 전 일요일 날 혼자 조용히 부산을 다녀왔다.

오후 햇살 잘 드는 따뜻한 '인각사' 법당에서 그는 말없이 나를 맞아 주었다. 향 피우고 물 한 잔 올리고 이제 모든 시름 놓고 잘 가라고, 편히 쉬라고 기도하면서 이승에서 맺었던 인연의 끈을 놓고 왔다.

사는 게 별거냐고 말하는 사람들이 있다. 하지만 나는 사는 게 더없이 존귀하고 대단한 것으로 생각한다.

태어난다는 건 얼마나 경이롭고 커다란 축복인가? 한갓 미물일지라도 살아있는 건 다 소중한 생명이다. 하물며 인간으로 태어나서 살아가는데 순간순간이 기적이고 기다림이다. 봄의 새싹처럼 신의 뜻으로 태어나서 계절처럼 살다 가는 게 인생이 아니던가. 보통으로 사는 것이 제일 어렵다는데, 보통으로 사는 건 태어나서 죽을 때까지 봄은 봄답게 여름은 여름답게 인생의 계절을 잘 지내면서 사는 것이 아닐까?

나의 피붙이들이 아니 내가 아는 모든 이들과 내가 모르는 생명을 가진 모든 생명체는 그저 보통으로 잘 살다가 겨울의 끝자락에서 생을 마치고 또 다른 새로운 봄을 맞이하기를 염원한다.

아직 인생의 마지막 계절인 겨울이 하 많이 남았는데 가을인 듯 겨울인 듯 이 쓸쓸한 인생의 계절에 떠나는 그의 삶이 너무도 야속하다.

창밖으로 보이는 잣나무 가지 끝에 어젯밤 내린 눈이 앉아있다. 찬바람 한줄기 지나가니 가지 끝의 눈도 소리 없이 따라나선다.

4

별을 땄어요

별을 땄어요
소확행小確幸
작은 꽃
한강변에서 만난 참게
살아있었구나!
이게 다 당신 탓
수도꼭지 고장 났어요?
피서
정구지제래기와 심쿵

별을 땄어요

나는 지금 사랑하는 사람과 데이트 중이다.

내가 그를 처음 만난 것은 2013년이었다. 먼저 사진으로 보았는데 참 잘생겼었다. 설렘과 환희로 그를 만나러 갔더니 눈만 내리감고 아무 말도 하지 않았다. 짧은 만남을 뒤로하고 아쉽게 헤어졌다. 그러다 본격적으로 만난 건 일 년 정도 지나서였다.

그는 내게 관심은 보였지만 여전히 말은 하지 않았다. 그러다 가끔 웃기도 하고 알 수 없는 말을 중얼거리기도 했다. 그러면서도 함께 돌아다니는 걸 좋아했다. 우리는 자주 데이트를 하면서 정을 쌓았다. 내가 더 좋아했는지도 모르겠다.

어느 날부터 제법 말을 많이 하더니 다른 사람들 듣는 데서 이 세상에서 내가 제일 좋다고 했다. 언제 그 마음이 변할지 모르지만 그래도 나는 가슴이 두근거리고 충만한 기쁨이 올라왔다.

가끔은 나를 아주 곤란하게 할 때도 있다. 이유 없이 고래고래 소리를 지르기도 하고 물건을 던지기도 한다. 그땐 나도 화를 내거나 이유를 물어보지만, 그의 속을 다 알 수는 없었다. 어떤 때는 아주 그냥 찻길에 들어가거나 길에 누워서 억지를 부리기도 한다. 이럴 땐 가슴이 다 타들어가지만 그래도 나는 나쁜 남자에게 매력을 느끼듯이 그런 그가 웃기라도 하면 그 치명적인 미소에 나의 애간장이 녹아내렸다.

그도 내게 애정표현을 많이 한다. 슬그머니 내 등 뒤에 와서 목을 껴안기도 하고 밤낮도 없이 입술이고 뺨이고 뽀뽀를 한다. 나는 그 입맞춤에 빠져 수시로 입술을 쑥 내밀거나 손가락으로 내 뺨을 톡톡거리면 그는 달려와서 쪽쪽하고 사랑의 표시를 남겨준다. 내게 사주고 싶은 것이 있으면 어느 때라도 외투를 걸치고 나의 손을 잡아끌고 밖으로 나가자고 한다.

나는 갈수록 그의 노예가 되어가는 듯하다. 그가 원하는 건 거부할 수가 없을뿐더러 뭐든지 그를 위해 다 해주고 싶었다.

3년이 지난 어느 날 밤 그가 하늘을 향해 손을 뻗더니 급히 나를 불렀다.

"빨리 와서 손을 펴보세요. 별을 땄어요. 할머니 주려고요."

조그만 주먹을 나의 손바닥 위에 올려놓는다. 나는 울컥 목이 메었다.

누가 나를 위해 별을 따준 사람이 있었던가? 이처럼 멋지고 사랑스러운 그는 나의 첫손주다. 이 아름다운 천사를 누가 내게 보내주었는가?

이런 손주 돌보느라 가끔은 허리가 아파서 한방병원 신세를 지고 손목이 아파서 물건을 들기 힘들 때도 있었다. 그렇지만 이런 이유가 손주를 깊이 사랑하는 내 마음에 방해가 될 수는 없었다. 나는 기꺼이 그를 업어주고 안아주고 내 열정을 다해서 보살폈다.

언제부터인지 아기 울음소리를 듣기가 어렵다고 했다.

물론 서울 같은 대도시는 그래도 아이들을 많이 볼 수 있다. 농어촌으로 가면 아이들은 고사하고 거주하는 젊은 사람 자체를 보기 힘들다.

굳이 한국의 출산율이 1.26명으로 OECD 중에서도 최하위라고 하는 뉴스를 보지 않더라도 저출산의 심각성이 어느 정도인지 내 주위에서도 느낄 수 있다. 젊은이들의 결혼 연령도 높아지고 비혼자가 늘어나다 보니 가임 숫자는 줄고 첫째 출산 시기도 늦어져 출산율도 낮아질 수밖에 없다.

연애와 결혼과 출산을 포기하는 3포세대란 말이 한동안 난무하더니 이제는 젊은이들이 5포 세대 7포 세대라고 한다. 인간관계, 내 집 마련, 꿈과 희망마저도 포기한 세대란 뜻이다. 무엇이 이들을 이렇게 내몰고 있을까? 걱정되고 가슴 아프다.

하지만 요즘 젊은이들은 베이비붐 세대라고 불리는 우리의 젊을 때와는 다르게 산다. 해외여행 가고 자동차도 끌고 다니고 남이 하는 건 다 하면서 현재의 삶을 즐긴다. 다르다고 무조건 잘못된 거로 생각하지는 않는다.

앞으로는 할머니 할아버지라는 소리를 듣기가 어려울지

도 모르겠다. 별을 따주고 뽀뽀를 해주고 희망이 되어줄 사랑스러운 손자는 정말 하늘의 별 따기처럼 만나기 힘들지도 모르겠다.

내 손 꼭 잡고 산책하던 손주가 지는 해를 보면서 들뜬 목소리로 말한다.
"할머니, 저기 해님이 노랗게 변했네. 눈이 안 부셔요."
"응, 해님도 이제 집에 코오~ 자러 가나 봐."
손주는 지는 해를 한참 바라보더니 따뜻한 노랫말을 만들어낸다.

해님이 노오랗네.
그 아래 서 있으면
우리 엄마 품속처럼 포근해요.

나는 이 사랑스럽고 소중한 손주를 힘주어 꼭 안아주었다.

소확행 小確幸

 간밤에 하얀 눈이 뜰에 내려왔다.
 창문 너머 아침 햇살을 받아 눈 위에 윤슬이 반짝이며 퍼진다. 나는 따뜻한 차 한 잔을 준비해서 창가에 앉았다. 아무런 생각 없이 차를 머금고, 입안에 있던 차가 몸속으로 스며드는 기분을 느낀다. 나에게서 향기가 난다. 소소하고 행복한 향기가 가득 피어오른다.

 일상적인 작은 행복과 커다란 행복은 어떻게 구분해야 할까? 얼마 전 잠실에 있는 123층 롯데 타워에 가 본 적이 있다. 사방을 둘러봐도 막히는 곳 없이 탁 트인 서울을 볼 수 있었다. 발아래로 한강은 개울물처럼 보이고 고층아파트도 장난감 집처럼 보였다. 이곳에서 하루 숙박에 2천만 원 하는 객실도 있다고 하니 나와는 다른 세계라 놀랄 수조차 없었다. 높은 빌딩을 가지면 빌딩 높이만큼 행복할까? 하는 생각을 잠시 해봤다. 그렇다고 해도 아무리 노력해도 나는 이런 빌딩을 소유할 수 없다.

하지만 뜰에 내린 눈을 가슴 설레며 볼 수 있는 창이 있고, 겨울을 헤집고 초록 머리를 쏙 내민 화초와 함께 햇살 받을 수 있는 베란다가 있는, 언제라도 글 한 줄 읽을 수 있는 여유로운, 소소한 것에도 기쁨을 느낄 수 있는 작은 내 집이 있다.

올해 2018년의 트렌드는 소확행이라고 한다.
-소소하지만 확실한 행복-
직업을 찾는 사람 10명 중 8명은 행복하지 않다고 생각한다는 글을 읽었다. 저마다 삶의 무게가 다르듯이 행복의 기준도 다르겠지만 모두 소확행을 찾으면 좋겠다.

갓 구운 따뜻한 빵을 먹는 것도 식물을 키우면서 꽃대 하나 발견하는 것도, 이불 속에 발 넣고 군것질하며 텔레비전 영화 한 편 보는 것도, 물안개나 계절의 변화를 보며 산책하는 것도 모두 내가 소소하지만 확실하게 만들 수 있는 행복이다.

일본 경영의 신이라 불리는 이나모리가즈오는 「카르마 경영」에서 바라고 원하는 바를 성취하기 위해선 머리끝에서 발끝까지 그 생각으로 가득 차야 하며 피 대신 생각이 흐르게 해야 한다고 말한다. 공감하고 가슴에 새기고 싶은 말이다. 하지만 나는 피 대신 생각이 흐르게 하되 생각이 응고되지 않게 무념無念 한 방울을 함께 넣고 싶다.

높은 빌딩을 소유한 사람도 경영의 신도 원하는 것을 성취하는 과정에서 수없이 소소한 것에 행복했을 것이다. 그리고 힘들 때마다 작은 행복들이 에너지가 되어 원대한 꿈도 성취했으리라 믿는다.

잊히고 사라져가는 것과 일상 속의 잔잔한 이야기를 가슴 따뜻하게 데워줄 글을 쓰는 글쟁이로 인정받는 것이 내가 원하는 바라면 지금 나는 그것을 위해 온몸에 피 대신 생각을 흐르게 하려고 컴퓨터 자판을 두드리며 소확행에 빠져들고 있다.

작은 꽃

 얼마 진 닌蘭 화분에 물을 주다가 새싹과는 다르게 모래 흙 속에서 뾰족이 내미는 싹을 발견했다. '이게 뭐지?' 하면서 자세히 들여다보니 꽃대였다.
 몇 년 전에 동생이 나누어준 양란 한 촉, 화사하고 예쁜 꽃을 한 해 피워내더니 다음 해부터는 감감무소식이었다. 다시는 꽃을 피우지 않을 것 같아 버리려고 하다가 동생이 준 거라 초록 잎이라도 볼 양으로 그냥 두었는데, 너무 반가웠다. 이 난은 하나의 긴 꽃대에 여러 송이의 자주색 꽃이 줄지어 피어난다.
 아직은 겨울이라 추울 것 같아 거실로 옮겼다가 온도가 변해서 꽃대가 놀랄까 봐 다시 베란다에 내놓았다가 부산을 떨며 하루에도 몇 번씩 들여다보아도 꽃대는 꼼짝도 안 하는 듯했다. 모든 게 때가 있는데 반가운 나머지 성급했나 보다. 그래, 필 때 되면 어련히 꽃이 피겠지 하고는 무관심했다. 아니 무관심한 척했다고 하는 게 맞다. 하지만 며칠이 지나자 참지 못하고 기어이 화분 앞에 쪼그리고 앉아서 얼마나 올라왔나 살펴보기 시작했다. 그런데 양란 이파리들 사이로 보랏빛이 살짝 보였다.

'아니, 이건 제비꽃이 아닌가!'

나는 화려하고 탐스러운 꽃봉오리를 기다리느라 내가 좋아하는 제비꽃 새순이 그곳에서 자라고 있는 줄도 몰랐다. 꽃을 보고 나서야 이 작은 생명이 무엇을 했는지 알게 된 것이다. 양란 잎 사이로 햇볕을 쬐고 떨어지는 물을 마시며 보랏빛 작은 꽃을 피워낸 것이다.

그저 화분 흙 속에 딸려온 잡초 씨앗의 싹이겠거니 하면서 존재조차도 눈여겨보지 않던 여린 싹은 그곳에서 제 할 일을 다 했다는 듯이 앙증맞게 방긋 웃고 있었다. 순간 부끄럽고 미안한 생각이 들었다.

추운 겨울의 끝자락에서 크고 탐스러운 꽃보다 작고 가

녀린 꽃들이 먼저 봄을 알려준다. 작아서 잘 보이지 않다가 어느 날 보면 무리 지어 피어있는 걸 보게 된다. 자세히 들여다보면 하나하나가 너무도 어여쁘다. 이름도 정겨운 양지꽃, 깽깽이풀, 봄 까치나물, 제비꽃, 등등 이 작은 꽃들이 겨울을 밀어내고 햇볕을 우리 가까이 끌어당겼음을 잊고 지낼 때가 많았다.

한강변에서 만난 참게

지방에서 살다가 서울 온 지도 꽤 되었다. 강변 가까이 이사를 하고 나서는 거의 매일 저녁 산책하러 나갔다.

집에서 2차선 도로 하나 건너면 한강 변과 연결된 몽촌 나들목이 있어 쉽게 갈 수 있었다. 강변은 자전거 길과 인도가 구분되어있고 농구장, 야구장, 인라인 등 여러 가지 운동을 즐길 수 있는 시설들과 넓은 풀밭이 이어져 있다. 이곳 풀밭에는 잔디보다 토끼풀이 더 많다. 토끼풀 꽃이 피기 시작하면 그야말로 풀밭이 하얀 꽃 잔디로 변해서 밟기가 미안할 정도로 아름답고 멋진 초원이 된다.

사람들은 삼삼오오 텐트와 돗자리 등을 가지고 나와서 운동도 하고 휴식을 취하기도 하면서 여름밤의 열기를 식했다.

처음 산책하러 갔을 땐 이 광경이 몹시 낯설었다. 왜 여기서 텐트를 칠까 여긴 공원이 아닌가 하는 생각이 들었지만, 사람들이 식물들을 관리하고 가꾸는 공원이라기보다 휴식처라고 생각하는 것 같아 나도 익숙해졌다.

30분 정도 걷고 나서는 한적한 벤치에 앉아 하늘의 별도 세어보고 강바람도 맞으며 고향의 밤하늘을 그려보는 추억에 잠기기도 했다. 밤에 보는 물안개와 강물에 비친 네온사인은 화려한 색과 빛의 향연이었다. 기끔은 음악인들의 연주도 들을 수 있는데 이건 덤이었다.

삭막하기만 할 줄 알았던 서울에서 아직도 이렇게 빛나는 별을 볼 수 있고 휴식과 운동을 즐길 수 있는, 이런 시설들이 있다는 것이 참 좋았다.

시간이 흘러 어둠이 깊어지면 근처 운동기구를 몇 번 타보는 흉내를 내다가 집으로 돌아오곤 했다.

그제 밤에도 여느 때처럼 산책 후 집으로 오는 길이었다. 희뿌연 가로등 불 아래서 작은 물체가 움직이고 있는 것을 발견했다.

정말 놀라웠다. 나 자신도 모르게 나직이 중얼거렸다.
'게다! 참게네.'

작은 참게 한 마리가 조심스레 인도에서 자전거 도로 쪽으로 움직이고 있었다.

큰비가 온 지 며칠 지나지 않았기에 물길 따라 뭍으로 나왔다가 길을 잃은 것 같다. 조심스레 게를 집어 들었다. 위협을 느꼈는지 작은 몸에 붙은 집게발을 바둥바둥한다. 혹시 근처에 또 있을까 해서 살펴보아도 어두운 탓인지 더는 보이지 않았다. 50m 정도 떨어져 있는 강물에 다가가서 내려주었다.

집으로 오는 길에 가슴 한쪽이 콩닥거렸다.

혹시 땅에서 해야 할 일이 있어 힘들게 나왔는데 내가 다시 물로 보내지는 않았을까 하는 생각이 자꾸만 들었다.

그런데 어젯밤에도 산책하러 가는 길에 그 지점에서 또 한 마리의 참게를 만났다. 그제 만난 게보다 조금 큰 거 같다. 많은 사람이 오가는 길 위에서 꼼지락거리는 게를 보면서 밟혀 죽으면 어쩌지 하는 생각에 어떻게 해야 할지 정말 난감했다.

이 게들도 혹시 산란을 위해 뭍으로 나온 것인가? 예전에 텔레비전에서 본 붉은 게들이 산란을 위해 낙엽 더미 쌓인 산으로 떼 지어 기어오르던 장면이 떠올랐다. 결국은 그 참게의 선택을 존중해 주기로 하고 나는 가던 길을 그냥 갔다.

그러나 괜히 마음이 쓰여서 다른 날처럼 느긋이 쉴 수가 없었다. 돌아오는 길에 유심히 살펴봐도 게는 보이지 않았다. 집에 와서도 혹시 잘못되지나 않았을까? 내내 마음이 쓰였다.

한강에 참게가 산다는 것이 참 반가웠다.

수많은 생명체에게 저 강이 터전이 되겠지? 새삼 길을 걸을 땐 바닥을 한 번 더 보면서 조심스레 발걸음을 떼게 된다.

살아 있었구나!

첫돌을 지난 손주 녀석이 얼마나 별난지 잠시도 가만있지 않고 아장아장 발걸음을 떼며 돌아다닌다. 아직 아긴데 싶지만, 온갖 장난감이나 책, 심지어 식탁 위의 밥그릇도 던지며 새로운 것을 탐색하느라 하루도 조용한 날이 없다. 내 눈에는 손주가 하는 짓이 그저 사랑스럽기만 하다. 하지만 아이가 자라면서 더 많이 움직일 것을 생각해서 딸네는 살던 곳보다 조금 넓은 1층으로 이사를 했다.

이곳엔 베란다 앞에 뜰이 넓게 펼쳐져 있어서 참 좋았다. 봄이 되니 잔디며 제비꽃. 민들레와 돌나물. 토끼풀 등 작은 풀꽃들이 자연 그대로의 들판을 연상케 했다. 날씨 좋은 날은 그곳이 손주의 놀이터가 되었다.

"승규야, 초록 잎이야, 이건 개나리 노란 꽃이네. 여기 보라색 제비꽃도 피었어. 흠흠 해봐. 향기가 나지? 나비가 왔네, 나비안녕? 인사해보자."

알아듣던 모르던 상관없이 나는 손주에게 많은 이야기를 들려주었다.

어느 날 꽃집에서 창가에 올려둘 빨간색 꽃이 핀 제라늄 화분을 사면서 방울토마토 모종 두 포기도 같이 샀다. 창틀 난간 철제받침에 화분을 올려두고 토마토는 창 아래 땅을 일구어서 나란히 심었다.

토마토를 모종하다 보니 풀꽃들 사이에 나팔꽃 새싹들이 올라오고 있었다. 튼튼한 싹을 골라서 창문 양 끝쪽에 옮겨 심었다.

어느덧 많이 자라서 휘청거리는 방울토마토 줄기를 긴 노끈과 나무막대를 이용해서 창살에 올려 주었다. 나팔꽃도 잘 자라서 잎이 아가 손바닥보다 커졌다.

우리는 수시로 창문 아래 텃밭에 나가 토마토를 살펴보고 잡초도 뽑았다.

"할머니, 벌레는 어떻게 해요?"

"음~ 승규 생각엔 어떻게 하면 좋을까?"

벌레가 식물 위에 붙어있는 걸 본 손주의 물음에 어떻게 답할까 당황했던 적도 있었다. 그러던 어느 날 베란다 창문까지 고개를 들이민 토마토 줄기에 열매가 맺혀 있었다. 놀란 나는 호들갑을 떨었다.

"모두 나와 봐. 토마토가 열렸어!"

식구들이 주르르 창가로 와서 초록빛의 작은 토마토를 신기하게 바라보았다. 살아있는 모든 것은 참 숭고하다. 거름 하나 주지 않고 햇볕도 많이 들지 않은 땅에서 나팔꽃은 덩굴손을 쭉쭉 뻗어 창살을 휘감고, 토마토는 열매를 맺고 조금씩 붉게 익어갔다. 더 놀라운 것은 가지마다 다닥다닥 많은 토마토가 달려 있었다.

손주는 수시로 밭에 가자고 졸랐다. 우리는 잘 익은 토마토를 따서 맛보기도 하고 토끼풀꽃으로 옛날 내가 그리했던 것처럼 꽃반지나 꽃시계를 만들기도 했다. 가끔은 손주랑 민들레 꽃씨를 후후 불며 씨앗 속에 꽃이 숨어있다고 알려주기도 했다.

그렇게 어느덧 여름이 와 있었다.

우리가 토마토에 푹 빠져있을 동안 나팔꽃 줄기는 1층을 지나 2층 언저리에 감겨 있었다. 아침마다 화려하진 않지만, 청보라 꽃을 피워냈다. 어느 순간부터 나팔꽃도 토마토만큼이나 관심의 대상이 되었다. 손주와 나는 오늘은 꽃이 몇 개나 피었나? 한 송이 두 송이……. 세면서 숨어있는 꽃을 찾아내며 즐거워했었다.

비가 몹시도 많이 온 다음 날 아침이었다. 무성히 자란 나팔꽃은 잎사귀 사이사이로 청초한 꽃을 어여삐 피워내고 잎은 더 진한 초록으로 넓어져 창을 많이 가렸다. 이것을 본 딸아이가 예쁘긴 한데 창을 너무 덮어 답답해서 싫다고 했다.

나도 그런 생각이 들긴 했다. 하지만 한창 꽃을 피우고 있는 줄기를 자르기가 왠지 편치 않았다. 그러던 차에 경비아저씨가 아파트 외부도색을 하느라 정리를 해야 한다고 했다. 나는 편치 않던 마음을 다독이며 '그래, 내 탓이 아니야.' 하고는 싹둑 줄기를 잘랐다.

잘라낸 줄기는 금세 시들해졌다. 며칠 지나니 잎은 초록색을 찾을 수 없게 말라버리고 굵고 긴 줄기만 약간의 연둣빛을 남기고 마르고 있었다. 처음엔 맘이 아팠지만 이내

내 맘에서 별것이 아니게 되었다.

며칠 후 창을 열고 밖을 내다본 나는 깜짝 놀랐다. 텃밭 앞 잔디 위에서 줄기도 잎도 시들었는데 수십 송이의 나팔꽃이 피어있었다.

'뭐지? 저 나팔꽃은……'

가슴이 쿵쾅거렸다. 신발을 신는 둥 마는 둥 하고 텃밭으로 가보았다.

잎은 제 색을 찾아볼 수 없게 말라버리고 수분이 다 빠져버린 줄기에 나팔꽃 봉오리들이 안간힘을 다해 꽃받침 속의 꽃을 피워내고 있었다.

"살아있었구나! 미안하다."

나도 모르게 중얼거리며 그 꽃들 앞에 쪼그리고 앉았다.

딱 삼일을 더 볼 수 있었다. 그 마른 줄기가 피워내는 꽃을.

나는 며칠을 더 지켜본 후 꽃씨가 여물기를 기다렸다가 손주와 함께 그중 튼실한 씨앗 한 줌을 골라서 봉지 속에 소중히 담았다.

이게 다 당신 탓

볼 일이 있어서 외출했다. 나간 김에 백하전에 가서 예쁜 속옷을 한 벌 사고 아이쇼핑도 했다. 며칠 후 동생 생일이라서 줄 생각인데 맘에 들지 모르겠다는 설렘으로 집에 가는 버스를 탔다.

'띠리 리 리~.'

"아주머니 언제 오세요. 아저씨와 두 분 중에 누가 먼저 오세요?"

아파트 경비아저씨다. 왜 그러냐고 물어보니 택배도 있고 아이들이 우리 차 안에서 놀고 있다는 것이다. 무슨 일이지? 감이 오지 않는다.

한 동짜리 작은 아파트라 경비실과 주차장은 같은 공간

에 있고 경비실에서 우리 차가 주차된 곳까지는 스무 발자국도 채 안 된다. 그러기에 드나들 때도 차에 대해 별다른 주의를 기울이지 않았다.

서둘러 아파트에 도착한 나는 일단 집으로 가서 짐을 내려놓고 차 키를 가져왔다. 운전자석 차 문에 유리가 아예 보이지도 않는다. 차 안은 말 그대로 난장판이었다. 흩어진 과자와 과자 봉지들이 나뒹굴고 카시트는 제멋대로 떨어져 있었다. 차에 타고 문을 닫아보니 손잡이가 망가져서 문이 안 닫힌다. 급히 시동을 걸어봤다. 아예 차 키가 돌지도 않는다.

차에서 놀았던 놈은 여러 놈이다. 1002호, 101호, 102호, 동네 주택가 아이들, 누구 오빠, 우리 동생 등 경비아저씨께 들킨 아이들은 공범자를 줄줄이 내뱉는다. 그중 좀 커 보이는 아이에게 몇 학년이냐고 물어봤다.

"3학년인데요. 돈 물어 줘야 돼요?"

"그럼 아줌마 차를 이렇게 부숴놓고 물어야지 어쩌려고?"

"얼만데요?"

"차 고치는 병원에 가봐야 알지. 엄마 집에 계시냐?"

엄마는 아빠와 이혼하고 할머니랑 사는데 아빠 알면 뒤지게 맞는다고 아빠 있을 때 전화하지 말란다. 화는 났지만, 알았다고 아이를 안심시키고 왜 이러면 안 되는지 설명하고 보냈다.

카 서비스를 불러서 시동 문제를 해결했다. 큰 이상은 없다고 했다. 이제 카센터에 가서 손잡이를 고쳐야겠다.고 생각했다.

그사이 같은 아파트에 사는 아이의 아빠가 퇴근하고 오다가 보고는 상황을 알게 되었다.

"아이들이 한 일이니 책임지고 변상해 드리겠습니다. 수리부터 하세요."

말이라도 경우가 있다고 생각하는데 슬그머니 한마디 더 붙인다. "창문을 열어 원인제공을 하였으니 아이들만 나무랄 일은 아니죠."라면서, 처음엔 경황이 없었지만 그래도 큰 사고가 안 나고 아이들이 다치지 않아 다행이라는 생각뿐이었는데 은근히 부아가 났다. 내가 수리비를 내라고 말을 한 것도 아닌데, 아이들이 하루 이틀 논 것이 아니다. 아예 비밀 아지트로 틈만 나면 놀았다는데 제

때 발견하지 못한 경비아저씨도 원망스럽다. 창문이 열려 있을 수도 있지, 그 틈으로 손을 넣어 문을 열고 들어가서 손잡이가 다 부서지도록 논 아이들을 두둔하는 어른도 새삼 짜증이 났다.

그래, 변상해 준다는데 받아야지 하는 오기로 부르릉~ 시동을 걸고 단골 카센터로 갔다. 앞문뿐 아니라 뒤쪽 문 손잡이도 망가졌다고 한다. 수리비를 받겠다던 생각은 금세 어디로 가고 수리비가 많이 나오면 어쩌지 하는 걱정이 앞선다.
"다 되었습니다. 13,200원입니다."
아니, 잘 못 들었나? 계산서를 보니 13,200원 맞다.
수리 금액이 적게 나온 덕분에 내 마음은 간사하게 너그러워졌다. 그 순간 아빠 있을 때 전화하지 말라던 아이가 생각났다. 혹시 내가 전화할까 봐 얼마나 가슴 졸일까? 하지만 놀 때는 얼마나 두근두근 재미있었을까? 남의 차 안에서 온갖 것을 만지고 놀았으니 몰래 하는 것이 더 재미가 있지 생각하면서 집으로 왔다.
"902 홉니다. 단골 카센터에 갔더니 부품 값만 받았어요. 제가 낼게요."

"네, 아이들 주의시키겠습니다."

그리곤 끊는다. 얼마 들었는지 물어보지도 않는다. 그래도 왠지 기분 나쁘지 않았다. 나도 어릴 땐 무척 개구쟁이였다. 그들의 장난질이 충분히 이해가 되었다. 마땅한 놀이터나 함께 놀아줄 어른이 없는 환경을 탓해야지.

지지난주 남편이 운전하고 오세암을 다녀왔다. 그 후 나간 적이 없으니 분명 남편 탓이다. 남편은 출근길에는 차를 가져가지 않는다. 그렇다고 근래에 내가 차를 운전한 적도 없다. 아마 유리를 다 올리지 않고 문을 잠그고 왔으리라. 언제인가 그때도 산사에 가서 일박 하고 아침에 나오니 밤새 비가 와서 차 안이 물 범벅이 된 적이 있었다. 그때도 창문을 닫지 않아서였다. 남편은 때로 창을 안 닫거나 사이드를 올리지 않아 낭패를 볼 때가 있다. 하지만 잘 고쳐지지 않는다. 남편의 건망증은 유독 차에 대해서만 그렇다.

내 이중성은 기어이 남편을 향해 '이게 다 당신 탓'이라고 한마디 뱉어냈다.

수도꼭지 고장 났어요?

 어쩌다 일요일에 대중목욕탕에 가게 되었다. 사람들이 많아서 불편할 것 같다는 생각이 들었지만, 내친걸음이니 그냥 갔다 와야지 하고 목욕탕 안으로 들어섰다. 아니나 다를까 사람들이 북적북적해서 앉을 자리가 없었다. 플라스틱 바가지를 들고 휙 한번 둘러보았다. 겨우 틈새를 발견하곤 누가 가서 앉을세라 재빨리 그곳으로 갔다. 자리를 잡고 한참 지나서 보니 맞은편 자리에서 콸콸 물이 넘쳐흘렀다.
 '아니 물이 저렇게 넘치는데 모르시나?'
 유심히 바라보니 세게 틀어 놓은 물은 순식간에 대야를 넘쳐나서 바닥으로 미끄러져 내렸다. 그런데도 그 사람은 모르는 듯 옆 사람과 이야기를 하고 있었다. 그녀와 이야기하는 사람의 수도꼭지를 힐끗 보았다. 다행히 그 사람은 물을 틀어 놓지 않았다. 온 신경이 그쪽으로 쏠렸다. 가서 말해줄까. 수도꼭지를 잠가줄까. 잠깐 깜박했나? 벌써 마음은 몇 번이나 일어섰다 앉기를 했다.

그런데 참으로 놀라운 일이 일어났다. 그녀는 대야에 가득 담기고도 어쩔 줄 몰라 철철 넘쳐흐르는 물을 보더니 물을 휙 쏟아버리고 다시 그 자리에 대야를 놓는다. 물은 순식간에 조금 전하고 다를 바 없는 형태로 넘쳤다. 순간적으로 분노가 확 올라왔다.

'아니 저 미친년 아니야? 개나리 십장생 같은······.'

목구멍까지 욕이 올라왔지만 뱉을 용기는 없었다. 누구 동조할 만한 사람이 있을까 싶어 주위를 둘러봐도 아무도 관심이 없어 보인다. 자기 집에서도 수돗물을 틀어놓고 저럴까? 철없는 아이도 아니고 오십은 넘어 보이는 중년의 어른이, 난 그때부터 내가 목욕을 하러 왔는지 그녀를 감시하러 왔는지 알 수 없었다. 나도 다른 사람들처럼 관심 끊을까. 주인은 한 번 안 와 보나? 아니 옆 사람은 지적 좀 안 해주고 뭐 하냐. 세신 하는 아주머니께 가서 말할까? 내가 온갖 생각으로 시간을 보낼 때도 물은 끊임없이 흘러내렸다. 가끔 그녀가 플라스틱 대야를 휙 뒤집어서 넘치는 물을 쏟아버리고 다시 받는 행위를 했지만 한 번도 수도꼭지를 잠그거나 물의 양을 줄이지는 않았다.

 이삼십 년 전까지만 해도 고향을 소개할 때면 으레 산 좋고 물 좋은 곳이라는 말을 먼저 했다. 어디 내 고향뿐이었던가, 우리나라의 웬만한 곳은 산 좋고 물 맑은 것이 자랑이었다. 아니 당연한 것처럼 여겼다.
 길 가던 나그네가 "물 한 모금 얻어먹읍시다." 하던 말을 어디서나 할 수 있는 우리의 정서였다. 그렇게 자랑스럽던 우리의 산천山川은 산업발전과 기후변화 등 여러 가지 원인에 의한 환경오염으로 많이 더러워졌다.
 지금은 계곡물은 고사하고 수돗물도 그냥은 먹을 수가 없다. 대부분의 사람은 상표 붙은 물을 사 먹거나 수돗물을 정수淨水해서 먹는다. 그러니 옛날처럼 "물 한 모금 얻어먹읍시다." 하는 사람도 없고 그런 말을 할 수도 없다.
 전 세계적으로 물 부족과 수질오염 문제가 심각하다고 한다. 우리나라도 물 부족 국가로 분류되어있다. 다행히 우리는 상하수도시설이 잘되어 있어 물 부족을 모르고 산다. 그러나 지역에 따라 가끔 물 부족현상이 일어나고, 직접적으로나 또는 매체를 통해서 느끼고 있다.

우리가 물을 많이 사용하면 물이 더 많이 오염된다고 한다. 누구나 물을 사용할 수 있는 권리는 있을 것이다. 그러나 내 돈이 나가지 않는 물이라도 필요한 만큼만 사용하고 아끼며 소중히 다루어야 한다. 그래서 우리의 후손이 물 부족 국가가 아닌 우리나라에서 깨끗한 물을 마음 놓고 사용할 수 있으면 하는 바람이다.

나는 벌떡 일어섰다. 그리고 입가에 미소를 살짝 머금고 그녀 옆으로 다가가서 말했다.

"저기요. 수도꼭지가 고장 났어요?"

가슴이 두근거렸다. 그녀가 기분 나쁘지 않도록 애써 침착한 표정을 지으며 진지한 눈빛을 그녀에게 보냈다. 짧은 긴장의 시간이 흘렀다.

철철 울고 있던 수돗물이 뚝 그쳤다.

피서

 열대야 덕분에 며칠 동안 밤잠을 설치고 휴일이라 느긋이 누워 있으면 싶었다. 그런데 이른 아침부터 매미가 전쟁이라도 난 듯이 울어댄다.
 "맴 맴 맴 매앰······."
 저네들이야 약 7년 만에 천신만고 끝에 이 세상에 나와서 짝을 찾는 것이라지만 지금 이 순간은 이해해주고 싶지 않았다. 시끄러운 그 소리가 끈적끈적한 더운 기운과 함께 창문을 넘어와서 나의 휴식을 방해하기 때문이다.
 '어휴 피서라도 가야겠다.' 생각하고 얼른 일어나서 시계를 보니 아직 9시가 되진 않았다. 가방에 책 한 권을 챙겨 넣었다. 진공 물병에 생수 조금 넣고 각 얼음을 가득 채우는 것도 잊지 않았다. 카디건과 소지품 몇 가지도 챙겨서 서둘러 집을 나섰다.

 옛사람들은 부채 한 자루와 나무 그늘만 있으면 웬만한 더위는 이겨 냈던 것 같다.
 어릴 적 나의 아버지도 한여름 뙤약볕에서 들일이라도 하고 오시면 검붉은 자줏빛으로 변해 버린 목덜미와는 다른 하얀 등살을 보이면서 당신 등에 물 한 바가지 부어달라고 하셨다. 마중물 한 바가지 넣고 힘껏 저어 올린 펌프 물을 등에 좌르르 쏟아부으면 '어! 시원하다.' 하시던 그 소리가 아직도 들리는 듯하다. 그리곤 감나무 그늘 평상에서 부채질하면서 한더위를 밀어내셨다. 좀 더 여유를 부릴 땐 이웃과 함께 시원한 계곡에서 발도 담그고 닭백숙과 과일을 먹으며 살아가는 이야기들을 나누며 여름을 청량하게 보내기도 하셨다.
 가만 생각해보면 이십몇 년 만의 더위니 백몇 년 만의 더위니 하고 매스컴에서는 난리들이지만, 예전엔 지금처럼 근 한 달 가까이 연일 30도 이상을 오르내린 더위는 없었던 것 같다.

2016년 여름, 서울 기온은 36도가 넘는 날도 있었다. 이처럼 뜨거운 열기가 콘크리트 바닥을 달구고 체감온도를 더 높였던 일은 거의 기억에 없다.

도시가 빌딩 숲보다 푸른 숲이 더 많던 시절 기껏해야 4~5일 정도 뜨거운 열기를 뿜어내다가 이내 수그러들지 않았던가? 이런 살인적인 더위를 자연현상만 탓할 일은 아닌 것 같다. 우리가 만든 산업화, 도시화가 커다란 영향을 준 것을 되돌려 받는 듯하다.

도서관이 있는 구청에 도착하니 9시 전이다. 9시면 도서관을 개관한다.

엘리베이터를 탈 때도 만원이었는데 12층에 있는 도서관 문 앞에는 이미 먼저 온 사람들의 줄이 길게 늘어서 있다. 문이 열림과 동시에 사람들은 저마다 좋은 자리를 잡겠다고 서둘러 들어갔다. 나도 오늘은 미리 왔기에 한자리 차지할 수 있을 거 같다.

들어서는 순간 시원했다! 도서관은 더없이 시원했다.

빈 책상 위에 책들을 올려놓고 다시 나가서 간단한 식사를 하고 커피 한 잔을 들고 돌아왔다.

내가 가져간 시집과 도서관에서 만난 동서고금 사상가들의 주옥같은 글들을 읽으면서 한더위를 피해 본다.

비록 솔바람이 얼굴을 스치는 물 좋고 정자 좋은 그런 곳은 아니지만 이만하면 호사스러운 피서임에는 틀림이 없다.

다만 뒤늦게 와서 가방을 메고 이리저리 돌아보다가 자리가 없어 그냥 가는 청소년들을 볼 때 조금 미안했다. 그들의 자리를 탐한 듯해서.

정구지제래기와 심쿵

　어느 방송국에서 간암 말기 환자가 오랫동안 먹어온 음식이, 그의 암세포를 억제하고 치유에 도움이 되었다는 내용을 주제로 이야기를 나누고 있었다. 진행자는 주인공에게 즐겨 먹었던 음식이 무엇이며 어떻게 섭취했는지 물었다.
　"정구지를 많이 먹었어요. 정구지제래기를 만들어서."
　그 소리를 듣는순간 어떤 그림이 내 기억의 저편에서 파편처럼 튀어나와 반짝 빛났다.
　정구지제래기! 정구지란 말은 표준어를 사용하는 사람들도 아는 사람들이 많지만 제래기를 아는 사람은 거의 없을 거 같다. 얼마 만에 들어본 고향 사투리인가!

요즘 사람들은 언어사용을 더 빠르게 더 간단하게 하고 있다. 사회 환경 탓도 있겠지만 휴대전화기의 영향도 크다는 생각이 든다. 작은 화면에 많은 생각을 표현하다 보니 자연히 빠른 속도로 말하고 줄임말을 사용하는 젊은이들이 늘어난 것 같다. 시간이 지남에 따라 이런 현상들은 나이에 상관없이 스마트폰을 사용하는 많은 사람에게 번져나갔다. 나도 심쿵(심장이 쿵 한다), 얼집(어린이집), 고터(고속버스터미널) 등 많은 줄임말을 친구들과 스스럼없이 주고받는다. 사실 '심장이 쿵 한다'는 말을 처음 접했을 때도 느낌은 충분히 알 것 같았지만 생소하기도 했었다. 그런데 이제 '심쿵'이 더 자연스럽다. 하지만 뜻을 알 수 없는 줄임말과 변형된 음절은 이해 못 해 당황하기도 했었다. 심지어 자음만 가지고도 의사소통을 한다. 이 경우엔 아주 가깝게 지내서 자주 안부를 묻거나 근황을 잘 알고 있는 사이라야 쉬이 이해되고 뜻이 통한다. 약속장소를 확인하거나 안부를 묻는 친구에게 바쁠 땐 이렇게 주고받기도 한다.

"지금 ㅅ ㅊ ㅎ ㄷ"(신촌 현대)

"ㅇ ㅅ ㅍ ㅎㄱ 있어"(응 쇼핑하고)

"나도 ㄱ ㄷ ㅊ"(곧 도착)

이 정도는 예사롭게 되어버렸다. 'ㅎㅎ'나 'ㅋㅋ' 등은 카카오톡으로 대화를 나누는 사람이라면 거의 누구나 사용하는 자음이다. 이런 자음 사용은 빠르게 지나가는 대화창에서 긴 설명의 글보다 더 효과적으로 소통할 수 있기 때문이다. 그러나 웃음을 표현하는 ㅎ이나 ㅋ은 자칫 상대의 마음을 상하게 하거나 오해할 수도 있다.

하루가 다르게 새로운 언어가 생성되고 새로운 줄임말들도 늘어난다. 예를 들어 '소확행(소소하지만 확실한 행복)' '워라밸(워크work 라이프life 밸런스balance)' 같은 줄임말은 요즘 사람들이 지향하는 행복론과 일과 삶의 균형이란 뜻이다. 처음 들을 땐 참 생소했지만, 생활에서 소통되는 줄임말이니 멀리하기보단 기억해 놓는 게 좋을 거 같았다.

처음 줄임말이나 자음 사용을 접했을 때는 훌륭한 우리글을 두고 왜 이럴까 싶어 짜증도 나고 화도 났었다. 하지만 어느새 나 자신도 모르게 옛날 고향에서 자연스레 사용하던 사투리처럼 그 미완의 언어사용에 합류하고 있음을 알게 되었다.

텔레비전 화면 하단에 '정구지제래기(경상도 사투리)는 부추겉절이'라고 자막이 나왔다. 처음에 생뚱맞은 표정을 짓던 화면 속의 사람들도 고개를 끄덕이거나 웃고 있다.

제래기! 한겨울 빼곤 거의 매일 밥상에 올랐던 풋풋하고 상큼했던 엄마의 손맛이 생각났다. 그동안 도시에 살면서 쓰지 않으려고 애쓰고 잊고 지냈던 고향 사투리가 이렇게 정감 있게 다가오다니, 새삼 나에게 소중한 문화였음을 깨닫게 되었다.

언어는 여러 가지에 요인에 의해서 생성하고 변화한다. 신세대와 변화무쌍한 세상과의 소통을 위해 표준어는 물론이고 줄임말 사용도 수긍해야겠다. 자음 사용은 특별한 사이가 아니면 조심해야겠다. 한편으론 줄임말이나 자음 사용은 위대한 우리한글이 아니라면 꿈도 꾸지 못할 것이란 생각도 든다. 언어란 소통함에 불편이 없고 혐오감이 들지 않는다면 시대의 흐름에 따를 것이다.

투박하지만 정겨운 고향 사투리도 가슴에 묻어두지 않고 내 아이와 내 아이의 아이에게도 옛날이야기 하면서 들려주어야겠다.

5

통도사 홍매화

통도사 홍매화
윤필암의 가을
작은방 만 원!
제주에서 만난 이중섭
한라산에 오르다
미 서부여행 1
일본 동경
하노이 하롱베이
혼자 떠나보는 여행

통도사 홍매화

통도사와 인연을 맺은 것은 아이들의 입시기도를 하러 다니면서부터였다.

경부고속도로 통도사IC에서 통도사 경내 주차장까지는 10여 분 정도 걸리지만, 시간적인 여유가 있을 땐 산문 입구 주차장에 차를 세워두고 절까지 걸어가는 것도 좋았다. 산문 입구에서 절까지 가는 길은 차도와 보행자 도로로 나누어져 있다. 양쪽 길 모두 울창한 소나무 숲과 청량한 개울물이 함께하지만, 보행자 도로로 걸어가는 묘미는 따로 있었다.

길 위에 떨어진 솔잎이 쌓여 금빛 양탄자를 밟는 느낌, 풋풋한 풀꽃 내음이 가슴을 적셔내는 두근거림, 돌돌거리며 흐르는 맑은 개울물, 정자형 찻집에서 향기로운 차 한 잔 마시는 여유까지 부릴 때는 기도밖에 해줄 게 없는 절박한 심정으로 다니던 내 마음을 풍요롭게 했다.

  설 명절을 지내고 난 1월 말 오랜만에 통도사를 찾았다.
  절 앞 개천에는 수정 같은 얼음 아래로 영취산靈鷲山 골짜기를 타고 내려온 개울물이 흐르고 있었다. 고목으로 우뚝 버티고 있는 몇 그루의 느티나무를 지나서 온갖 잡신들로부터 도량을 수호한다는 4대 천왕이 양쪽에서 눈을 부라리며 서 있는 천왕문을 넘어서자 쌀쌀한 바람결에 어디서 봄 내음이 묻어왔다. 천왕문 가까이 있는 극락전과 영각影閣(역대 주지 스님이나 고승의 초상을 모신 곳)사이에 봄의 단내를 실어 보낸 주인을 볼 수 있었다. 수령이 삼백오십 년 정도 되었다는 매화다.
  오랜 세월을 견뎌낸 검고 투박한 나무둥치와 나뭇가지 끝마다 연분홍 꽃이 총총히 달려있다. 채 피어나지 못한 봉오리들은 더욱 붉은 빛을 띠고 봄을 부르는 듯하다. 자세히 보니 이 겨울 어찌 알고 찾아왔는지 꿀벌 몇 마리가 잉잉대며 춤추고 있는 게 아닌가.

매화는 오색으로 단청한 절집 처마 끝에 걸려 살랑거리기도 하고 기와지붕에 올라앉아 그 고혹한 자태를 뽐내기도 한다.

절 안에는 수 그루의 매화나무가 있다. 그중 가장 먼저 꽃을 피우는 나무가 이 영각 앞에 있는 홍매화다. 이곳에는 두 그루의 홍매화가 있는데 먼저 연분홍 꽃을 피우는 나무와 뒤를 이어 다홍에 가까운 진한 분홍색 꽃을 피우는 나무가 있다.

통도사의 홍매는 자장 매라고도 부른다. 절을 창건한 자장율사의 법명에서 비롯된 것이다. 이곳 매화는 날씨에 따라 다르지만 보통 1월 중순부터 봉오리를 맺기 시작해서 3월까지 꽃을 볼 수 있다.

통도사의 홍매화가 피기 시작한다는 소문이 돌면 각지에서 많은 화가와 사진작가들이 모여든다. 오늘도 이 홍매를 화폭에 담느라 화가의 손놀림이 바쁘게 움직이고 있다. 사진작가도 여러 곳에서 각도를 맞춰가며 찰칵거리고 어린아이들도 까치발을 하고 꽃구경을 한다.

온갖 수목과 화초들이 자태를 뽐내는 여름과 가을날, 그저 없는 듯이 있다가 추운 겨울 거칠고 투박한 몸뚱이에서 제일 먼저 꽃과 향을 피워내니 옛사람들은 절개를 매화에 비유했으며, 꽃말을 용기와 고결이라 명명하지 않았을까.

꽃향기에 취해 있던 나는 아쉬움을 잠시 접어두고 금강계단과 대웅전으로 향했다. 오랜만에 찾아온 터라 경내를 한 바퀴 둘러보고 각 전각에 들러서 참배하였다. 이곳에서만 느낄 수 있는 편안하고 감사한 마음을 담고 돌아 나오는데 눈에 들어온 하늘이 참으로 맑고 푸르다.

언제 손 내밀었는지 연분홍 매화 가지가 푸르디푸른 하늘 끝에 걸려 하늘거린다.

눈 내리고 내려쌓여 소백산 자락덮어도 매화 한 송이
그 속에 핀다.
나뭇가지 얼고 또 얼어 외로움으로 반질반질해져도
꽃봉오리 솟는다.

나는 도종환 시인의 홍매화 한 구절을 읊으며 산문을 나섰다.

윤필암의 가을

시월 마지막 주 남편이 철 지난 휴가를 받았다. 이 귀한 시간 어떻게 보낼까, 생각하다가 남편과 나의 고향인 양산을 다녀오기로 했다. 우린 모처럼 마음의 여유를 가지고 부모형제와 친지도 만나고 친구들도 만났다. 집으로 돌아오는 길, 고속도로 차창 밖으로 보이는 오색빛 가을이 발목을 잡았다.

쉬었다 가라. 놀다 가라. 한없이 유혹했다. 문경새재를 넘어오다가 언젠가 인터넷에서 신라 시대 의상대사의 동생인 윤필이 머물렀다 하여 이름 붙여진 윤필암의 가을 경치가 절경이란 글을 읽은 기억이 났다. 나는 문경 IC로 자동차 핸들을 돌렸다.

우리는 내비게이션에 길을 물어서 문경 시내를 지나고 시골 들판을 지났다. 두 팔 벌려 안아보고 싶은 큰 소나무와 상수리나무, 참나무, 단풍나무 등 큰 나무들과 풀꽃들이 조화를 이룬 아름다운 산길도 달렸다.

윤필암에 도착했을 땐 서산 마루턱에 걸린 석양이 단풍보다 더 붉게 물들어있었다. 암자에 들어서니 '어떻게 오셨습니까?' 하는 듯이 살며시 내다보는 비구니 스님은 맑은 눈빛으로 나를 바라보았다.

"스님, 하룻밤 묵어갈 수 없겠습니까?"

"여긴 참선하는 곳이라 불가능합니다."

하며 두 손 합장하며 돌아선다. 불자랍시고 가끔 사찰을 찾는 내가 가진 짧은 지식은 웬만한 절에선 하룻밤 묵어갈 수 있다는 생각이었다. 예약도 없이 남편과 함께 찾아간 나의 무지함을 뉘우치며 한 고개 너머 대승사로 발길을 돌렸다.

이미 해는 지고 땅거미가 짙어지기 시작했다. 산속은 이내 캄캄한 밤이 되었다. 초행인 우리는 불안한 맘으로 조심스레 깊은 산속으로 핸들을 돌렸다. 멀리서 희망처럼 불빛이 보였다.

어둠 속에서 바라본 대승사는 생각보다 큰 고찰이었다. 종무소에 가서 하룻밤 머물 수 있는 허락을 받고 얼마나 기쁘던지, 부처님 전에 참배하며 다시 한 번 감사드렸다. 늦은 저녁을 얻어먹고 따뜻한 온돌방에서 만사를 잊고 깊은 잠에 빠져들었다.

다음 날 아침 눈을 떠서 보니 대승사의 전각들은 옛것은 옛것대로 새것은 새것대로 저마다 기품과 웅장함으로 우리를 놀라게 했다. 특히나 오래되고 불탄 흔적이 있는 전각에 양각으로 새겨진 연꽃무늬는 꽃잎 한 장 한 장이 얼마나 섬세하고 정교하던지 잠시 나의 혼을 빼앗아 갔다.

사찰을 둘러싸고 있는 높은 산과 아름드리나무들이 형형색색으로 갈아입은 가을옷은 자연이 아니면 아무도 해내지 못할 아름다움과 신비 그 자체였다. 찰칵! 기념사진 한 장 찍어 추억을 기록하고 다시 윤필암으로 향했다.

전날 해 질 녘에 본 풍경과는 사뭇 다른 단풍들이 아침 햇살을 머금고 살랑살랑 손 흔들며 우리에게 인사한다. 낙엽 쌓인 숲길에서 멋진 밤색 줄무늬와 제 몸집만 한 탐스러운 꼬리를 가진 다람쥐 한 마리가 길 안내를 하듯이 쪼르륵 바위틈을 지나 앞질러간다.

윤필암은 경상북도 문경시 사불산 자락에 있는 대승사의 부속 암자다. 고려 시대 지어졌으며 그 후 여러 차례 중건을 거쳐 지금은 비구니스님들이 수행하고 있다. 암자는 높고 웅장한 사불산 자락에 병풍처럼 둘러싸여 아늑한 느낌을 주었다. 일주문 대신 쪽대로 엮은 작은 사립문이 바깥세계를 단절하듯이 나직이 달려있고 마당에는 널어놓은 붉은 고추가 햇볕을 받고 있다. 아담하고 예쁜 연못과 가을 풀꽃들이 다소곳이 자태를 뽐내고 있는 정원이 무심히 우리를 반겼다.

윤필암의 사불전四佛殿에는 불상이 없고 정면에 설치된 유리창으로 산 정상에 있는 석불을 향해 참배하게 되어 있었다. 석불은 네면 모두 부처가 새겨져 있어 사불석이라 부르며 그런 연유로 사불암 이라고도 불렀다. 남편과 나는 사불전에 참배하고 전각 뒤편 산언덕에 있는 삼층석탑을 돌며 잠시 고개 숙여 합장하고 암자를 떠나왔다. 온 듯 안 온 듯, 본 듯 안 본 듯 전각도 비구니스님도 가을 단풍과 함께 모두가 하나의 자연이었다.

암자에서 한참을 내려오자 길 양쪽으로 사과 과수원이

넓게 펼쳐져 있었다. 올라갈 때는 느끼지 못했던 커다랗고 탐스러운 사과들이 초록색 잎사귀 사이로 얼굴을 붉히며 손만 내밀면 닿을 거리에 가지가 휘어지게 매달려 있었다.

마침 과수원 옆길에서 농장주 부부가 사과를 따서 선별하고 있었다. 사과쟁이 남편이 그냥 갈 리가 없다. 덤으로 사과 상자 위까지 올라오게 담아준 농부의 마음과 가을을 한가득 싣고 집으로 오는 길에 우리 부부는 괜히 히죽히죽 웃었다.

때로는 휴식이 삶을 이렇게 풍요롭게 한다는 걸 느끼며 이 가을을 오래 기억할 것이다.

작은 방 만 원!

일기예보에서 유난히 매서운 한파가 왔다고 하던 날, 우리 집 베란다에서도 여지없이 창문이 성애로 뿌옇게 얼어있고 몇 안 되는 화초들은 잎줄기가 얼어버렸다. 외출할 생각을 접고 늘 읽어야지 하고 벼르던 책을 꺼내 거실 바닥에 밀쳐놓고는 텔레비전 채널을 이리저리 돌리고 있었다.

그때 전화가 왔다. 친구 민주의 목소리가 반가움을 담고 귓전을 울린다. 친구 목소리를 들으니 추억이 파노라마처럼 펼쳐진다. 늦깎이 공부를 하면서 사십 초반에 만나 하루가 멀다고 전화하고 어울리던 친구다.

도서관에서 자리 잡아놓기, 리포트 쓰고 시험공부를 하

느라 독서실에서 끙끙거리던 일 '단백질을 섭취해야 공부가 잘 된다'는 이상한 논리를 내세워 맛집을 찾아다니던 즐거움, 모두가 소중한 추억이었다. 그중에서도 방학이 되면 같이 떠나는 여행의 묘미를 어찌 잊으랴.

 가족을 두고 오로지 우리들끼리 집을 떠나는 여행은 겨드랑이 사이로 독수리의 날개를 단 것 같은 느낌이었다. 부산항에서 밤배를 타고 떠났던 일본여행을 시작으로, 한 해 한 번 정도는 꿍꿍이를 짜내 이웃 나라로 여행을 다녀오곤 했었다. 그렇게 4년의 세월이 흘러 졸업을 했지만, 그 후로도 우리는 더욱 절친한 짝꿍이 되어서 늘 어울려 다녔다.

 내가 갑자기 서울로 이사를 하게 되자 친구들은 마치 다시는 못 올 곳을 가는 것처럼 아쉬워하며 이별 여행을 다녀와야 한다면서 수선을 떨었다. KTX만 타면 하루에 두 번도 왔다 갈 수 있는 거리인 것을…….
 정해진 목적지 없이 '어디 가서 하룻밤 자고 오자.' 그 한 마디로 여행은 결정되었다. 승용차 트렁크에 취사도구를 싣고 발길 닿는 대로 간 여행이 하동 쌍계사였다. 부산에서 남해고속도로로 3시간 거리다.

　그때는 매화 만발하는 봄도 아니요, 행락객으로 북적대는 여름 휴가철도 아닌 장맛비 추적추적 내리는 초하初夏의 어느 날이었다. 비 오는 날 운전하는 게 좋다는 민주는 콧노래를 흥얼거리며 아직도 옥색 물빛을 잃지 않은 맑디맑은 섬진강, 그 강둑과 나란히 놓인 녹슨 경전선 철로를 따라 신나게 핸들을 돌렸다. 차창에 떨어지는 물방울과 카오디오에서 흘러나오는 노래마저 우리의 마음을 들뜨게 했고 어느새 그 노래를 따라 부르고 있었다.

　쌍계사 입구에 도착하니 비는 안개 같은 는개로 변해 있었고 온통 회색빛이 감도는 늦은 오후라 행락객 하나 찾아볼 수 없었다. 방을 정해놓고 구경하리라 생각하고 이곳저곳 기웃거렸지만, 마땅한 숙소가 없었다.

　절 입구에서 아줌마들이 길 따라 죽 앉아 녹차와 고사리 등 갖가지 나물을 팔고 있었다. 장마철이라 그런지 별 손님도 없이 한가해 보였다. 우리는 이 근처에 괜찮은 민박집이 있는지 물어보았다.

　그때 한 할머니께서 당신 집이 민박한다고 묵고 가라하신다. 반가움에 얼마냐고 물어보았다.

"큰 방은 5만 원, 작은 방은 3만 원."

"아이, 비수긴데 싸게 주세요. 할머니, 작은 방 만 원."

어처구니없는 민주의 말에 나와 분이는 속으로 놀란 새 가슴을 하며 할머니 눈치를 살폈다. 할머니도 깜짝 놀란 듯 잠깐 우리를 바라보셨다.

"만 원 하는 방이 어디 있어? 만 오천 원만 내라."

하시더니 '비수기니까 그렇지 한창땐 방이 없어서 난린데…….' 하시며 입속말로 중얼거리셨다.

할머니를 따라 작은 개울을 건너고 밭둑을 지나 산 아랫 자락에 나지막이 자리한 조그마한 집으로 들어갔다. 파란 색 페인트를 칠한 슬레이트 지붕 아래 허리를 구부린 듯이 앉아있는 백발의 할아버지가 무심히 우리를 바라보았다.

'정말 잘못 왔다. 좀 비싸도 호텔로 갈 걸.'

집의 외관을 보는 순간 느낀 감정이었다. 우리가 묵을 방은 본채와 기역으로 덧붙여 지은 아래채였다. 먼지 쌓인 미닫이 방문을 열어보니 방안은 황량하기 그지없는 몰골로 작은 창 하나를 옆구리에 달고 있었다. 천장에 달린 희뿌연 형광등은 거미줄로 치장을 했고 욕실도 없이 따로 떨어져 있는 세탁실에서 씻어야 한다고 했다.

우리는 서로 눈짓을 하며 다른 곳으로 가자고 신호를 보내고 있는데 아까 그 할아버지가 휴대용 가스레인지와 전기밥솥을 들고 아래채로 오신다.

"여기에 밥도 하고 찌개도 끓여 먹어요. 조오기 있는 채소들은 맘대로 먹어도 괜찮아. 토마토도 따 먹고. 익은 게 있나? 잎을 들춰 봐요."

하시면서 미소 짓는 할아버지 얼굴을 보고 우린 차마 발길을 돌리지 못하고 차 트렁크에서 짐들을 나르기 시작했다.

대충 짐을 챙겨 방안에 놓고 주위를 둘러보니 삼십 평도 채 안 되어 보이는 마당에는 다갈색으로 빛나는 옹기들이 있는 장독대가 있고 그 옆으로 봉선화와 맨드라미, 이름조차 알 수 없는 꽃들이 길게 울타리 져 있었다. 그 사이사이로 고추, 토마토, 가지가 저도 꽃인 양 함께 방실거리고 장독대 앞에 부추도 빗물을 먹고 나풀거리며 수줍어했다.

좁은 툇마루 끝에 취사도구를 놓고 밥을 하고 된장찌개를 끓이는 사이 울타리 텃밭에서 따온 채소들도 아삭아삭 우리의 반찬이 되었다. 툇마루에 엉덩이를 반쯤 걸치고 먹은 그 밥은 세상 어디에도 없을 만찬이었다.

추적거리던 빗줄기는 점점 거세지더니 우리를 꼼짝없이 방안에 묶어두었다. 컴퓨터도 없고 텔레비전은 고사하고 라디오 한 대 없는 그 방에서 그저 비 오는 문밖만 물끄러미 내다보고 있을 때, 우리를 안내하고 장사를 나가셨던 할머니께서 언제 오셨는지 부추전과 지리산 야생차를 끓여서 갖고 오셨다. 자식에게 하듯이 다정한 말씀으로 많이 먹으라고 하신다.

슬레이트 지붕 위로 떨어지는 빗소리를 들으면서 고소한 부침개와 야생차의 향기에 취한 우리들은 노부부의 따뜻한 인정에 감사했다. 그리곤 방값을 깎은 죄를 뉘우치며 가슴 저 아래서 올라오는 미안함과 졸렬함에 서로 마주 보고 멋쩍게 웃었다.

비는 밤새 내리고 희미한 형광등은 거미줄과 함께 히죽히죽 웃고 있던 그날 밤, 우리는 엄마도 아내도 아닌 오직 나로서 40대의 마지막 고개를 넘기면서 하룻밤을 깔깔거렸다. 언제 잠들었는지 모른 채 까무룩 눈을 감았다가 뜨니 어느새 아침이다. 빗줄기는 여전히 그칠 기미를 보이지 않는다. 그래도 여기까지 왔으니 산사를 둘러보고 가야겠다는 생각에 서둘러 할머니 집을 나섰다. 할머니는 길 떠나는 차에서 먹으라며 은박지에 싸인 해물전을 건네신다. 냉장고에 아껴뒀던 해물과 온갖 채소를 넣고 아침 내내 만든 것이었다.

　우리는 코끝이 찡함을 느끼며 꼭 필요하지도 않은 고사리와 녹차를 조금씩 사서 차 트렁크에 넣고 '작은 방 만 원' 했던 부끄러운 마음을 감추고 그곳을 떠났다.

　다 낡은 슬레이트 지붕을 이고 간판조차 없던 그 민박집, 할머니 할아버지는 아직 살아 계실까? 언제 또다시 보고픈 친구들과 함께 그곳을 가볼 수 있을까?
　그 따스함이 몹시 그립다.

제주에서 만난 이중섭

초여름 딸들과 함께 제주행 비행기를 탔다.

두 딸과 함께 하는 여행은 이번이 처음이다. 오후에 제주공항에 도착하니 비가 내렸다. 제주교통이 익숙지 않아 택시를 타고 숙소가 있는 서귀포로 갔다. 짐을 풀고 창을 통해 내리는 빗줄기를 바라보며 온전히 하나이면서 모두인 우리가족은 아름답고 그리운 것들을 밤늦게까지 이야기했다.

이른 아침이다. 딸들은 아직 깊은 잠에 빠져있다. 뚜렷한 일정을 계획한 것이 아니고 마음의 휴식을 위한 여행이기에 일찍 일어날 필요가 없다.

혼자 아침 산책길에 나섰다. 바닷가로 가볼까 하다가 이곳의 아침을 여는 거리와 삶의 현장이 보고 싶었다. 숙소를 빠져나와 호텔 뒷길로 접어들어 한참을 걸어가니 '이중섭의 거리'라는 팻말이 보였다.

'이중섭' 나는 그 이름을 들으면 가슴이 아리다. 그림에 대해 잘 모르는 내가 우연히 그의 그림을 본 적이 있었다. 대표작이라고들 말하는 황소 그림을 보고 그 눈빛이 너무도 간절하면서도 강렬한 분노가 함께 나타난 것 같은 느낌을 받고는 그에게 관심이 갔다. 그림만큼 그의 인생도 그의 사랑도 애틋한 연민이 되어 가슴에 깊게 새겨져 있던 이름이다.

이중섭 거리는 서귀포시 서귀동 512번지 일대로 그의 그림과 짧은 에피소드를 표현한 모형들이 거리 양옆으로 표현되어 있었고 작고 소담한 건물들에는 각종 소품을 파는 가게들과 특색 있고 예쁜 카페가 많았다.

이 거리 끝자락에 서귀포 올레 재래시장이 있었다. 전통시장의 소소한 볼거리는 나중에 아이들과 함께 보기로 생각하고 이중섭미술관 쪽으로 발길을 옮겼다.

미술관에 들어서기 전 왼쪽 돌담 쪽에 연리지連理枝 나무

한그루가 있었다. 이중섭 화백과(아고리) 아내 야마모토 마사코의(아스파라가스) 애정이 담긴 사랑 나무다. 아고리와 아스파라가스는 화백과 그의 아내가 서로 부르던 애칭이다. 이른 아침이라 미술관은 개관하지 않았다. 아쉬움을 뒤로하고 미술관을 나와 돌담길을 따라 걸으니 이중섭 공원이 있었다. 공원은 작고 아담했지만 덩굴 식물과 능소화가 피어있고 붉은 칸나도 보였다. 어제 내린 비로 풀잎과 꽃잎 속에서 잠자던 물방울이 또르르 흘러내렸다. 화가는 잔디밭 돌 의자에 다리를 포개고 사색하듯이 앉아서 나를 바라본다. 빛으로 생기를 주는 아침 햇살 아래서 나는 살포시 그를 안아주었다.

그때 툭! 하고 노오란 동그라미 하나가 하늘에서 떨어졌다. 밀감이다. 그리고 보니 아주 오래된 팽나무와 백 년은 넘은 밀감나무가 공원 안에 당당히 버티고 있었다. 내 주먹 두 개보다도 커 보이는 철 지난 밀감이 서너 개 바닥에 떨어져 있는 게 보였다. 나무에도 아직 여러 개가 달려있었다.

그가 1951년에 제주에서 일 년 정도 살았다고 하니 그도 어느 날 이곳에 와서 저 밀감나무를 바라보며 상념에 잠겼

으리라는 생각이 들었다. 65년의 시공을 지나 화가와 같은 공간에서 함께 한다 생각하니 산들바람 한 줄기가 가슴속으로 슬그머니 들어왔다.

  공원을 나오니 조금 아래쪽 맞은편에 초가 한 채가 보였다. 아무도 살지 않을 것 같은 적막한 집이었지만 「이중섭 거주지」라고 제법 큰 나무 팻말이 붙어있었다. 조심스레 집안으로 기웃거려보니 하얀 강아지 한 마리가 꼬리를 살랑거리다 어디론가 사라진다. 댓돌에는 신발 한 켤레가 보이고 「원주인이 살고 있음」이란 글귀가 마루에 놓여 있었다. 화가의 인생에서 가장 행복했다던 제주에서의 삶, 아내와 두 아들과 함께 부대끼며 살았던 한 평 반도 채 못 되는, 방 한쪽 벽면에 그의 시 한 편이 붙어있었다.

    소의 말

    높고 뚜렷하고/ 참된 숨결 / 나려나려 이제 /여기에
    고웁게 나려 두북두북/ 쌓이고 철철/ 넘치소서
    삶은 외롭고 서글프고 / 그리운 것 아름답도다
    여기에 맑게 두 눈 열고/ 가슴 환히 헤치다.
                                       이중섭

일본에서 그림 공부를 하면서 만난 사랑하는 사람을 두고 고국으로 올 수밖에 없었던 처절하고 힘든 삶, 그를 찾아온 아내와 원산에서 결혼식을 하고 부산, 제주, 통영 등으로 피난살이를 하던 그의 고뇌를 떠올려 봤다.

생활고를 견디지 못한 아내는 아이들을 데리고 일본으로 가고 그는 때로는 부두노동자로 때로는 화가로 양담배 갑의 은박지에 그의 예술혼을 쏟아냈지만 삶은 그를 더욱 매몰차게 몰아붙였다. 배고프고 사랑이 고픈 그는 1955년 끝내 정신 이상증세를 보이며 병원을 전전하다 56년에 세상을 떠났다고 한다.

'삶은 외롭고 서글프고 그리운 것 아름답도다'

화가의 시 한 구절이 오래 기억될 것 같다.

한라산에 오르다

 한라산 백록담을 가보는 것이 나의 버킷리스트 중의 하나였다.
 친구들과 제주에 도착해서 애월리 지인의 펜션에서 하룻밤을 자고 한라산 등반을 위해 이른 아침 주먹밥을 챙겨서 성판악으로 향했다. 한라산 등반코스는 여러 곳이지만 우리는 잘 알려진 성판악 코스를 선택했다.
 3월 초순의 제주날씨는 봄인듯하면서도 제법 쌀쌀했다. 승합차로 성판악휴게소에 가는 동안 화려한 꽃들이 만개하지는 않았지만 길목 길목에서 새싹과 이른 봄꽃들이 고개를 내밀고 있었다.

주차장에 도착하니 '漢拏山 國立公園'이란 글씨가 화강암에 음각으로 새겨져서 현무암 품속에 안겨있었다. 가슴이 설레었다.

매표소에서 표를 끊고 산행을 시작했다. 입구에서 12시 30분이 지나면 등반을 금했다. 오가는 시간은 계산해서 날이 어두워지면 위험하기 때문이다.

다시 한번 옷깃을 여미고 운동화 끈을 단단히 동여매고 가볍게 발걸음을 떼었다. 등산로 초입에는 바짝 마른 나뭇가지와 낙엽을 이불 삼아 겨울을 잘 견뎌낸 키 큰 나무들이 빽빽이 서 있었다.

성판악 코스는 총 길이 9.6Km이고 남자는 4시간가량 여자는 4시간 30분 정도가 평균적으로 걸리는 시간이라고 한다. 산행을 마치고 돌아오려면 9시간 정도 소요될 것 같았다.

길 중간마다 현 위치와 남은 거리를 알려주는 안내판이 그림과 글씨로 잘 표시되어 있었다. 나무계단과 울퉁불퉁한 거친 돌길도 반들반들 닳아있었다. 가끔 흙이 추위에 얼었다 녹기를 반복해서 질척질척해진 젖은 흙길을 걷기도 했다. 조금 걸어가자니 초록빛을 띤 삼나무와 조릿대가 유난히 푸르름을 자랑했다. 1시간 정도 지나서 '속밭 대피소'에 도착했다. 이곳에서 잠깐 쉬면서 보온병 속의 따뜻한 물도 한 모금 마셨다.

　여기서부터 진달래 대피소까지는 3Km가 넘는 가파른 난코스 길이다. 희끗희끗 잔설이 남아있는 길은 미끄럽고 날씨는 매섭게 추웠다. 오르막을 오를수록 눈은 더 많이 쌓여 있고 칼날 같은 바람이 사정없이 얼굴을 후려쳤다. 내디디는 발걸음 끝으로 발가락도 시려 왔다. '진달래 산장'까지 부지런히 걸어야 했다. 1시 30분 이전에 진달래 산장에 도착하지 못하면 백록담을 볼 수가 없다. 자칫 잘못하다가는 헛걸음을 할 수도 있다.

　바람으로 인해 사방에 쌓였던 눈이 눈보라를 일으켜 시야를 가렸다. 그런 와중에도 가지마다 내려앉아 순백으로 빛내던 눈꽃 송이, 나무의 크기에 따라 각기 다른 눈꽃 송이가 어찌나 아름답던지 3월이지만 한라산은 한겨울의 눈꽃밭이었다. '진달래 산장'이 보이는 능선에 올라서서 눈밭에 누워버렸다. 그냥 지나칠 수가 없었다. 너무 멋져서, 뒹굴어도 보고 웃음꽃도 피우고 기념사진도 찍었다.

　산장에 도착하니 1시다. 한 씨름 놓았다. 백록담을 볼 수 있는 티켓을 끊은 셈이다. 손가락 발가락은 꽁꽁 얼어서 감각이 없어졌고 눈바람을 맞은 두 뺨은 시리다 못해 아려 왔다. 좁은 산장 안에는 발 디딜 틈이 없다. 바닥이고 의자고 할 것 없이 삼삼오오 사람들이 모여서 다리쉼을 하고 준비해온 김밥이나 컵라면을 먹었다. 많은 사람으로 인해 뜨거운 물이 부족해 컵라면을 먹기까지 한참을 기다리기도 했다. 다행히 보온도시락에 담아온 주먹밥은 온기가 남아 있었다.

얼마니 고마운 쉼터인가. 이 쉼터가 없다면 어찌 한라산과 백록담의 겨울 풍경을 가슴에, 눈에 담는 기쁨을 누릴 것인가. 그곳에 그대로 있는 자연도 고맙지만, 묵묵히 쉬어갈 수 있게 쉼터를 지켜주는 분도 감사했다.

산장에서 백록담이 가까이 보였다. 산 아래쪽과는 달리 산등성이는 밝은 햇살 아래서 보석처럼 새하얀 눈으로 반짝였다. 평지인 듯 아늑한 길을 조금 걷고 나니 능선을 타고 올라야 했다. 그때 쌓여있는 눈이 광풍과 손잡고 눈보라를 일으켰다. 춥고 시야를 가린 눈가루 때문에 한 발을 내딛기가 십 리를 가기보다 힘들었다.

백록담을 오르는 비탈진 능선은 가파르기도 하지만 길 양쪽이 기후 때문에 나무가 자랄 수 없는 민둥산이라서 잠깐 실수라도 하면 끝없는 낭떠러지로 굴러떨어질 것 같았다. 계단을 만들고 길옆으로 밧줄을 묶어 놓긴 해도 내려오는 사람 올라가는 사람이 비켜서기조차 힘든 좁은 공간이었다. 한 무리의 사람들이 내려가면 기다렸다가 올라가는 사람들이 다시 한 무리 지어 지나갔다. 500m도 안 남은 백록담을 두고 많은 사람이 이곳에서 포기하고 돌아갔다. 그만큼 기상이 안 좋았다.

  우리는 일행 누구를 도와줄 수 없었다. 내가 다치지 않고 실수하지 않는 것이 서로를 돕는 것으로 생각하고 한 발씩 한 발씩 줄을 잡고 눈보라를 정면으로 맞으면서 올라갔다.

  백록담 정상에 가서야 일행을 찾았다. 다행히 모두 무사했다. 바람을 등지고 움푹 팬 작은 언덕 아래서 서로를 칭찬하면서 기쁨을 나누었다.

  백록담白鹿潭이란 한라산 신선들이 타고 다니던 하얀 사슴이 이곳에 와서 물을 먹었다고 해서 붙여진 이름이라고 한다.

제주에서 내려오는 백록담에 관한 전설에는 옛날에 무엇이든지 쏘기만 하면 백발백중인 안 씨라는 사냥꾼이 살았는데, 어느 날 한라산에서 사냥 하다가 짐승 한 마리가 달리는 것을 보고 무의식적으로 총을 쏴 죽였다. 정신을 차리고 보니 백록이었다. 안 씨는 신선이 타는 사슴을 죽였는지라 크게 놀라서 그 자리에서 머리를 땅에 대고 지극정성으로 빌어서 무사히 집에 와서 140살까지 살았다고 한다.

신성한 동물을 함부로 죽이면 목숨을 잃을 수 있다는 것과 잘못을 깊이 뉘우치면 용서받을 수 있다는 데부가 담겨있는 설화다.

백록담은 가슴 깊이 하얀 눈을 끌어안고 더 넓은 가슴을 크게 열어서 우리를 반겼다. 어딘가에 하얀 사슴 한 마리가 신기루처럼 나타날 것 같았다. 화산폭발이 남긴 선물같은 아름다움이었다.

우리의 아름다운 산! 해발 1950m 대한민국 제일의 높은 산, 다시는 볼 수 없을 것 같은 한라산 백록담을 두 팔 벌려 마음에 담아보았다.

미국 서부여행 1
(샌프란시스코와 그랜드캐니언)

 5월 하순 비행기를 타고 샌프란시스코에 도착하니 그곳 시계로 밤 1시 정도 되었다. 세계 지도를 펼쳐 놓고 보면 참 멀고도 먼 거리였는데 그 낯설고 먼 곳에 여행이라는 이름표를 달고 왔다. 공항 근처 숙소에서 기대와 설렘으로 잠을 설치고 다음 날 일찍 가이드를 따라나섰다.

샌프란시스코
 미국에서 뉴욕 다음으로 크다는 샌프란시스코는 10일의 미국여행 일정 중 처음으로 마주 보는 도시다. 이곳에서는 피셔맨스워프, 금문교, 요세미티 국립공원 등을 투어 할 계획이다.

피셔맨스워프에 가기 전에 이 도시의 명물이라 꼭 타봐야 한다는 케이블카를 탔다. 이름이 케이블카지 언덕이 많은 이 지역의 경사진 도로를 전선에 의해 오르내리는 대중버스다. 차의 앞뒤 문을 닫지 않고 가는데 많은 이들이 바깥풍경을 보기 위해 좌석에 앉아가는 것보다 차문에 매달려가거나 그 옆에 서서 가는 것을 선호한다.

나도 그 명당자리를 선택했다. 오르막길을 올라갈 때 아슬아슬하게 흔들리는 것도 스릴이 있었고 눈부신 푸른 하늘과 바다가 맞닿은 듯 보이는 샌프란시스코의 풍경과 거리를 보는 것도 좋았다.

케이블카에서 내린 후 바닷가에 위치한 대표적인 관광지인 피셔맨스워프와 피어 39거리(선착장)에 갔다. 수많은 상점과 관광객이 그곳을 축제장처럼 보이게 했다. 바닷가 거리답게 조금은 지저분하고 비릿한 바닷냄새가 부산한 거리를 헤집고 스며들었다. 거리 곳곳에서 춤추고 노래하고 연주하는 예술가들을 보니 아무것에도 구애받지 않는 자유로운 영혼들의 쉼터 같기도, 또 삶의 터전 같기도 했다. 바다사자들도 음악에 취한 듯 누워서 한 영역을 차지하고 일광욕을 즐겼다.

거칠고 뻔뻔하기 그지없는 그곳의 갈매기와 비둘기들도 그 거리에서 호시탐탐 여행자들의 음식을 노리고 희멀건 물똥을 칙칙 갈겨서 이곳의 주인은 '나야 나.' 하고 제 영역을 표시했다.

점심으로 그곳의 유명한 모닝빵을 사 먹었다. 빵을 잘라 해산물 수프를 넣어주는 이 빵은 너무도 입에 맞지 않아 결국 버리고 말았다. 그 시큼하면서도 느끼한 맛이 아직도 입안에 남아있는 듯하다.

피어 39거리에서 '지옥의 철벽감옥'이라는 앨커트래즈 섬이 보였다. 망망 바다 한가운데 있는 조그만 섬이다. 한때 흉악범 수용을 위한 교도소였는데 지금은 관광지가 되었다. 내가 감명 깊게 보았던 영화 더 록(the lock)에서는 주인공이 이 섬을 탈출하는 데 성공했지만, 짙은 안개와 매섭게 부는 바닷바람, 섬 주변을 돌고 있는 거친 조류, 낮은 수온 등으로 지옥의 섬이라 불리는 이곳을 공식적으로 탈출한 죄수는 한 명도 없었다고 한다.

날씨가 좋아서 배를 타고 영화 속의 그 섬을 가까이 가서 볼 수도 있었다. 그러나 나는 뱃멀미 때문에 멀리서 바라보기만 했다. 영화의 잔상이 남아있는 피셔맨스워프와 피어 39거리를 더 돌아보고 싶었지만, 다음 여정을 위해 버스에 올랐다.

다음 목적지는 샌프란시스코의 상징인 금문교다. 캘리포니아주 골든게이트 해협을 가로지르는 주황색의 멋진 경관을 자랑하는 이 다리는 총 길이가 2737m이고 높이 227m의 탑에서 늘어뜨린 2줄의 케이블에 매달려있다. 대형차들도 다녔지만 많은 이들이 자전거나 도보로 이 다리를 건너고 있었다. 다리의 시작점에서 걸어 보고 싶은 열망이 강했지만, 난체여행이라 다리 끝자락을 밟아보는 것으로 만족해야 했다. 대신 우리는 다리를 조금 지나서 골든게이트 브리지 뷰포인트에서 차들이 달리는 금문교와 샌프란시스코 스카이라인의 형언 할 수 없는 아름다운 모습을 감상했다. 쌀쌀하게 바람이 불고 가랑비가 내렸지만 그래서 더 운치 있는 풍경이 이었다.

그랜드캐니언

많은 사람의 인생 버킷리스트라는 그랜드캐니언은 내가 미국여행 중 가장 기대했던 곳이다.

미국 애리조나주에 있는 그랜드캐니언은 20억 년 지구

의 세월을 그대로 느낄 수 있는 자연이 만든 가장 큰 협곡으로 웅장하고 신비로운 세계적인 국립공원이다. 1600m의 깊은 계곡에 흐르는 콜로라도강을 사이에 두고 사우스림(남쪽)과 노스림(북쪽)으로 나누어지며 인디언 자치구역인 웨스트림, 카이밥 트레일로 유명한 이스트림으로 구분된다.

숙소가 있는 라스베이거스에서 차를 타고 5시간 정도 달려서 관광객이 가장 많이 찾는 사우스림에 도착했다. 공원이 가까워지자 차창으로 보이는 숲에는 여러 종의 나무들이 빽빽이 들어서 있고 소나무 군락지도 많았다. 사람들이 사는 주거지와 인디언들이 수백 년 동안 살았던 집의 형태도 군데군데 보였다. 협곡이 가까워질수록 나무의 높이가 낮아졌으며 경사도도 완만해지고 평지가 나왔다. 관광차는 어느덧 그랜드캐니언 빌리지에 위치한 매더 포인트(스티븐 매더라는 기업가의 이름에서 따옴)에 도착했다.

눈앞에 펼쳐진 광활한 자연경관에 가슴이 떨렸다. 1600m의 협곡이라고 하지만 그 깊이를 가늠할 수 없어 발아래를 내려다보니 아찔했다

층층이 붉은 토양과 진회색 갈색 등 땅의 표면에서 자라

고 있는 초록의 식물들까지 여러 가지 색으로 이루어진 협곡의 옆면은 바로 지구의 잘린 단면 그대로인 듯했다. 금방이라도 딛고 있는 땅이 쩍 하고 갈라지면서 새로운 계곡이 생길 것 같았다. 나는 흡사 지구의 블랙홀에 들어온 것 같은 두려움도 살짝 들었다. 인디언 원주민들이 이곳을 악마의 협곡이라고 한다는 이유를 알 것 같았다.

그러나 협곡 윗부분에는 내 키만 한 나무들과 더 작은 여러 종의 나무들이 잘 버티고 있었다. 각양각색의 선인장과 야생화들도 저들만의 뜰인 양 아름다운 색을 뽐내고 당당히 꽃을 피워냈다.

수많은 관광객 덕분에 반질반질 길이 난 흙길을 따라 걷다가 작은 바위에 앉아서 잠깐 쉬었다. 그때 잿빛 토끼 한 마리가 깡충 지나갔다. 새삼 그곳을 이루며 함께하는 생물들이 살아있어 고맙고 소중하다는 생각이 들었다.

신비와 웅장함을 온몸으로 느껴보았던 자유 시간을 끝내고 우리는 방문객센터에서 표를 사서 경비행기를 탔다. 멀미를 심하게 하는 나는 모험을 선택했지만, 어쩐 일인지 아무렇지도 않았다. 하늘에서 내려다보는 이 땅의 또 다른 매력에 빠져서 멀미가 사라졌는지도 모르겠다. 기장은 비행기를 약간씩 흔들면서 그랜드캐니언을 좀 더 넓게 좀 더 깊게 많이 보여주려 노력했다.

경비행기를 타고 보는 협곡은 또 다른 신비의 세계였다. 몇 억년 동안 흐른 콜로라도강의 급류가 땅속 깊이 파고들어 침식과 화산폭발 등으로 오묘하게 깎인 봉오리, 평지에 당당하게 우뚝 솟은 산, 깎아지른 듯한 단층절벽들이 태양빛에 의해 환상적인 빛과 형태를 만들어냈다.

황토색 토양의 협곡들 사이로 실개천처럼 보이는 붉은 물줄기 들이 합쳐지기도 하고 땅속으로 스며들어 안보이기도 하다가 다시 큰 물줄기로 나타나기도 하는 콜로라도강이 눈에 들어왔다. 이 강은 '붉은 강'이란 이름하고는 다르게 강 하류로 흘러가면서 아름다운 비췻빛을 띠었다.

신이 만든 최후의 걸작이라는 그랜드캐니언!
이 웅대하고 위협적이며 신비한 협곡은 절대로 인간의 힘으로는 만들 수 없는 것이었다. 우리는 자연 앞에 얼마나 보잘것없는 생명체인지 다시 한번 깨달으며 광할한 미국의 또다른 여행지로 향했다.

일본 동경

 수수꽃다리가 연보랏빛으로 달콤한 향기를 뿜어내는 사월 어느 날이었다. 제천으로 이사 간 지인이 여행 한번 가고 싶다고 연락을 했다. 모임에서 가까운 일본으로 다녀오자고 의논했다. 일본어를 모르는 우리는 예전에 한번 갔다 온 사람이 있다는 것과 아줌마가 넷이라는 것을 무기 삼아 용기를 냈다. 인터넷을 뒤져 여행사를 찾아보고 간단한 일어회화를 프린트해서 읽어보는 등 한 달여 동안 준비를 했다. 매번 느끼지만, 여행은 준비할 때 더 가슴이 뛴다.

 드디어 그날이 왔다. 김포공항에서 ANA 항공기를 타고 하네다 공항에 도착하니 밤 열 시 반이었다. 눈치와 짧은 영어와 일어를 섞어가며 겨우 숙소가 있는 하마마츠쵸로 가는 모노레일을 탔다. 하마마츠쵸 역에서 남쪽 3번 출구로 나가야 예약한 숙소인 치산 호텔로 갈 수 있었다. 그러나 낯선 환경에 길을 잘못 들었다. 늦은 밤이라 행인이 별로 없었지만 우리는 아무나 붙잡고 익스큐즈미를 외치면서 겨우 숙소에 도착했을 땐 역에서 7분 거리라던 곳이 사십여분이 걸렸다. 예약 티켓을 내밀고 방 열쇠를 받고 나서야 뜨거운 물 한잔을 마시고 안도의 숨을 내쉬었다. 그리고 숙소를 잘 찾은 우리를 자랑스러워했다.

다음 날, 호텔 주변을 지나가는 기차 소리에 잠을 깼다.
호텔식 아침을 먹고 첫 번째 목적지인 카와고에로 향했다. 카와고에는 사이타마에 있고 JR 선을 이용해야 한다. 그곳에 가려면 중간에서 환승을 해야 하는데 그만 지나치고 말았다. 당황했지만 안내센터 덕에 작은 '에도'라 불리는 오래된 마을 카와고에를 구경할 수 있었다. 도심에서 벗어난 그곳은 전통가옥과 그 집들을 보존할 수 있는 범위의 상점들이 즐비했다. 우리는 그곳에서 희미하게나마 일본의 옛 정취와 그들의 생활을 엿보고 길거리의 작은 음식점에서 야키소바로 점심을 먹었다. 생각보다 깔끔하고 맛있었다.

점심을 먹고 그 거리를 좀 더 구경하고 나서 카와고에를 떠나 다음 여행지인 신주쿠로 갔다.

신주쿠! 하루 유동인구 400만 명, 역 출구 160여 개로 교통의 요지고 쇼핑의 천국이라고 한다. 우리는 신주쿠 역에 와서야 안내 책자를 아무도 가져오지 않았다는 것을 알았다. 언어도 잘 안되면서 여행의 기본도 지키지 않은 우리자신을 자책했다. 겨우겨우 역을 빠져나와서 웬만한 유명 브랜드가 다 있다는 명품거리를 스캔하고 이세탄 백화점에 갔다. 백화점은 생각보다 크고 화려하고 멋스러운 인테리어가 눈길을 사로잡았다. 잠시 아이쇼핑을 하고 다시 거리로 나와 유명한 동전 파스를 사기 위해 잡화점에 들렸다. 온갖 잡화를 사느라 사람들이 어찌나 많은지 한 시간도 넘게 줄을 서서 파스를 사고 나니 거리는 어둠이 내려앉고 불빛이 화려해졌다. 동전 파스가 뭐라고, 그래도 그런 행위들이 피곤하지만 즐거웠다.

우리의 다음 목적지는 아사쿠사에 있는 스카이트리를 보는 것인데 자신이 없었다. 너무 피곤해서 그만 호텔로 가고 싶었지만, 일행 중 누군가가 우리는 할 수 있다고 우겼다. 그러나 일본어를 알 수 없는 우리가 아사쿠사를 찾아가는 길은 막막하기만 했다. 해외용 데이터를 충전하지 않은 것이 생각할수록 후회가 되었다. 그랬다면 우리글로 된 인터넷을 찾아보면서 쉽게 다닐 수 있었는데, 안내책자 마저 호텔에 두고 나왔으니 이런 낭패가 없었다. 그래도 우리는 익스큐즈미와 아리가토 고자이마스를 연발하면서 아사쿠사로 찾아가는 무적의 한국 아줌마들이었다.

세계에서 가장 높은 634m의 전자 탑인 스카이트리에 도착했을 땐 입장 마감 30분을 남겨놓은 8시 반이었다. 그 시간 에도 많은 사람들이 입장하기 위해 줄서 있었다. 지상에서 350m의 1전망대와 450m의 제2전망대로 나누어져 있었다. 2,570엔을 내고 1전망대로 갔다. 고생하고 찾아온 보람을 느낄 만큼 도쿄의 야경은 아름다웠다. 시간이 없어 야경을 보면서 차 한잔 마시지 못한 것을 못내 아쉬워하며 숙소로 돌아왔다. 어느덧 깊은 밤이었다. 여행의 들뜸과 피곤함으로 인해 쉬이 잠들지 못하고 도란도란 이야기하다가 새벽녘에야 잠깐 눈을 붙였다.

셋째 날이다.

어제와는 다르게 경험이 용기가 되었다. 이미 숙박이 끝난 호텔에 짐을 맡겨 두고 먼저 신바시 역으로 갔다. 목적지인 오다이바로 가기 위해 관람차 유리카모메 1일 권을 끊었다.

오다이바는 도쿄 미나토 구에 있는 복합 인공 섬이다. 1980년대 일본 거품경제를 타고 급속히 매립한 신도시라고 한다. 유리카모메를 타고 차 안에서 이 도시를 한 바퀴 돌아본 다음 아오미 역에서 내렸다.

오다이바에는 대형 모형들이 많았다. 자유의 여신상과 건담도 있고 유럽의 거리를 본떠 만든 비너스 포트(아울렛 매장)도 있었다. 후지 TV 건물과 레인보우 브리지, 대형 쇼핑몰 등을 구경하고 비너스 포트에 갔다. 사진에서나 볼 수 있었던 구형 자동차들의 실내 전시가 인상 깊었다. 멋진 자동차 앞에서 카 모델처럼 포즈를 취하고 사진도 찍고 기념 쇼핑도 했다. 늦은 점심으로 초밥을 먹었다. 현지 초밥을 힌번 먹어보고 싶었는데 특별하지는 않았다.

이제 숙소에 맡겨놓은 짐을 찾으러 갈 시간이었다. 숙소로 가는 길에 시부야에 들렸다. 오늘의 마지막 여행지다.

시간이 넉넉지 않아 오래 머물진 못하고 시부야 역 근처에서 백화점 지하 마켓에 들렸다. 맛있는 것을 탐색하기 위해서다. 우리나라의 마켓과 비교해보니 훨씬 종류가 다양하고 찾기 쉬운 진열상태가 눈길을 끌었다. 양갱이, 찹쌀떡, 생 초콜릿 등 일본 것으로 먹고 싶고 맛보고 싶은 것들을 샀다.

숙소에서 짐을 챙겨 오면서 우리가 가장 오래 머물렀던 하마마츠쵸, 그 역 식당가에서 일본 우동으로 저녁을 먹었다. 일본의 거리 음식을 골고루 맛본 거 같다.

다시 오다이바로 가는 차를 탔다. 낮과는 또 다른 오다이바의 야경이 아름다웠다. 텔레콤 센터역에 내려서 3분 거리에 있는 오오에도 온천으로 걸어갔다. 이곳이 이번 여행지의 마지막 숙소다. 온천은 노천탕도 있고 생각보다 크고, 많은 사람으로 붐볐다. 우리도 유카타로 갈아입고 입장한 다음 온천욕을 하면서 여행의 피로를 풀었다. 온천 휴게실 겸 수면실에서 두어 시간 졸다가 새벽 3시에 하네다 공항으로 가는 송영 버스에 올랐다. 아직 이른 시간인데도 일본의 하늘은 뿌옇게 밝아오고 있었다. 모험 자체였던 우리의 여행도 끝점으로 다가왔다.

나는 여행을 거창한 목적을 가지고 하지 않는다. 가서 무엇을 보고 무엇을 느꼈는지 생각할 필요도 없다. 마음이 아프고 힘들 때 혼자라도 좋고 같이할 친구가 있다면 또 그래서 좋은 게 여행이다. 내가 여행하는 동안은 언젠가부터 나를 힘들게 하던 편두통을 단 한 번도 느끼지 않았고 기분 좋게 가슴이 뛰었다. 함께 한 그들도 행복한 일탈이었음을 믿어 의심치 않는다. 비록 돌아오는 비행기에서 그 기쁨을 잊는다 해도 나는 또 나설 것이다.

하노이 하롱베이

인천공항에서 세 시간 정도의 밤 비행기를 타고 하노이 노이바이 국제공항에 도착하니 자정이 가까웠다. 이번 여행은 갑작스레 결정된 딸의 여름휴가에 맞추다 보니 4박 5일의 패키지를 선택하게 되었다.

여행일정은 크게 엔트공원, 하롱베이, 호치민 생가와 야시장 투어로 짜여있었다. 공항에서 가까운 파라다이스호텔에서 딸과 손주와 함께 낯선 첫날 밤을 보냈다. 해외여행이 처음인 손주는 우주를 날아오니 또 다른 우리 집이 생겨서 좋다고 토끼처럼 깡충거렸다.

엔트국립공원

  호텔에서 아침을 먹고 세 시간가량 버스를 타고 호랑이, 곰, 사슴 등 야생 동물들이 산다는 엔트 국립공원으로 향했다. 공원 입구에서 다시 노란 스트리트카를 이용해서 공원 안에 있는 사원 입구까지 갔다. 이곳부터는 보행하기엔 어려운 깊고 가파른 산길이었다. 날씨가 궂으면 산 정상에 가 볼 수가 없다는데 야속하게도 천둥 번개가 치고 굵은 빗방울이 떨어졌다. 조금 기다리고 있으니 다행히 변덕스럽던 이곳 날씨는 가랑비로 변했다.

  우리는 비옷을 입고 케이블카를 타고 산 중턱의 도착지에서 내렸다. 다시 걸어서 수백 개의 돌계단을 오르고 기도하면 소원이 이루어진다는 석탑을 지나 베트남 사람들이 즐겨 찾는다는 또 다른 전통 사원에 당도했다. 이 사원은 백성들로부터 존경받던 왕이 왕자에게 권력을 뺏기고 고도 천 미터가 넘는 이곳에 절을 짓고 불교에 귀의했다는 설이 있다. 아직도 베트남의 많은 사람이 여기 와서 기도한다고 한다. 왕의 전설 때문인지 가늘게 내리는 비와 산 중턱에 걸려있는 구름으로 인해 엔트공원의 풍경은 더욱 고즈넉하면서도 애잔했다.

비는 계속 내리고 습하고 무더운 날씨다. 제 키보다 더 긴 비옷을 입은 손주는 다리를 산중 모기에게 한방 물렸지만, 여행은 즐겁다며 잘 견뎌주었다.

돌아 나오는 길에 호랑이나 곰은 보지 못했지만, 숲속에서 우리를 물끄러미 바라보는 커다란 회색 사슴을 볼 수 있었다.

하롱베이

동양 최대의 절경이라는 이 섬은 이곳의 전설에 따르면 산속에 살던 용이 바다로 내려올 때 흔들던 꼬리질로 계곡과 동굴이 생겨나 삼천여 개의 섬으로 이루어졌다고 한다.

하롱베이에 가는 날은 가랑비와 햇볕이 다투어 우리를 애태우는 날이었다. 유람선을 타면서 제일 걱정되는 것이 처음으로 바다에서 배를 타보는 손주와 나의 멀미였다. 다행히 뱃길은 순조로웠다. 알고 보니 이 하롱베이는 많은 섬으로 둘러 쌓여있는 공간이라 파도가 일지 않는 것이 특징이라고 했다. 섬 모양은 제각각 아름답고 신비로웠다. 30분 정도를 섬 주위를 돌다가 쾌속 보트를 타는 프로그램이 있어 딸과 손주는 용감히 그것을 선택하고 구명조끼를 입고 보트 위에 올랐다. 난 선상에서 그들을 기다리기로 했다. 나의 걱정과는 다르게 쾌속정에서 돌아온 그들의 얼굴에서는 즐거움이 한껏 묻어났다.

이윽고 배는 기암괴석의 석회동굴인 승솟(HANG SUNG SOT)동굴이 있는 섬의 선착장에 도착했다. 거칠고 험한 산길과 많은 계단을 올라가서야 그 멋진 동굴을 볼 수 있었다. 엄청난 종유석 덩어리인 이곳에서는 보통 거꾸로 자라는 종유석보다는 아래에서 위로 자란 석순들이 더 많아 보였다. 그래서 이름도 승솟(SUNG SOT)이라고 했다. 거대한 종유석들이 마치 용암이 흘러내리다 멈춘 것 같이 보이고 종유석과 석순이 만나서 웅장한 종유기둥을 만들기도 했다.

동굴 안은 간간이 설치된 조명과 한쪽 천장에서 들어오는 햇빛으로 인해 더욱 신비로웠다. 영화 스타워즈의 우주선 착륙장소로도 촬영되었다고 하니 미지의 세계처럼 신비한 모습이 영화인들한테도 인정받은 셈이다.

우리나라 사람들이 얼마나 많이 다녀갔는지 알 수 있는 대목은 동굴 구석구석에 한국의 전설이 쌓여 있었다. 예를 들면 '저 종유석은 나무꾼과 선녀 가족'이라던가 이런 식으로 가이드는 설명했다.

　오래 기억하고픈 맘에 가족사진 몇 장 찍고 밖으로 나와 다시 배에 오르니 유람선에선 선상 식사가 준비되어 있었다. 요란하게 떠들던 가이드의 유람선 씨푸드라 기대를 했지만, 기대만큼 깔끔하고 고급스럽진 않았다. 그래도 싱싱한 해산물을 푸짐하게 먹을 순 있었다. 식사가 끝나자 배 위에서 그곳 진주가 좋다면서 진주로 만든 여러 가지 액세서리와 장난감들을 팔았다. 우리 일행은 아무도 물건을 사지 않았다. 가이드는 품질이 최상품은 아니지만, 가짜는 아니라며 권하는 눈치였다. 왠지 맘이 짠해서 손주 장난감 하나를 사주었다.

　돌아오는 길, 오전과는 달리 태양의 위치에 따라서 하롱베이 섬들이 변했다. 빛에 따라 변하고 비나 안개에 의해서 또 다른 정취를 느낄 수 있는 명품 조각 같은 멋진 섬이라는 걸 다시 한번 느꼈다.

　호치민과 베트남

　여행 마지막 날 호치민 생가와 바딘 광장을 투어하고 밤에 하노이 야경을 보기로 했다.

바딘 광장은 넓은 잔디밭으로 베트남의 국부인 호치민이 1945년 독립선언문을 낭독한 곳이며 호치민의 묘소가 중앙에 자리하고 있었다. 호치민은 사후에 시신을 화장해서 베트남 곳곳에 뿌려달라고 했지만, 베트남국민은 방부 처리하여 바딘 광장에 안치하였다고 했다. 우리는 직접 시체 안치소에 가보지는 못하고 멀리서 건물만 바라보았다.

바딘 광장에서 나와서 좌측으로 조금 가니 호치민 생가가 있었다. 국부로 추앙받은 영웅이었지만 생가에서 평소 그가 사용하던 물건들과 내부구조를 보고 검소한 생활을 한 삶을 엿볼 수 있었다.

우리가 생가에 가는 길에 황금색 건물 한 채를 보았는데 프랑스가 식민지 통치하던 시절의 총독부라고 했다. 아름다운 외관과는 달리 아픈 역사의 상징이었다. 프랑스 총독부였던 이 건물을 보면서 언어는 베트남어를 사용하면서 간판들이 알파벳이었던 이유를 알게 되었다. 그전까지 베트남에는 문자가 없었다가 프랑스 식민시절 알파벳으로 글자를 만든 것이라고 했다. 갑자기 우리의 세종대왕이 얼마나 훌륭한가 하는 생각이 들었다.

이 황금빛 성은 베트남 건국 이후 주석궁으로 사용했는

데 호치민은 주석으로 있는 동안에 이곳에 딸린 전기공이 살던 작은집에서 생활했다고 한다.
 나는 호치민에 대해 인터넷으로 찾아봤다. 간단히 정리하면, 호치민은 1890년에 가난한 유학자의 아들로 태어나서 30년간 민족주의 운동가로, 북베트남 민주공화국 대통령으로서 제2차 세계대전 후 가장 영향력 있는 20세기 공산주의 지도자 중의 한 사람으로 1969년에 생을 마감할 때까지 오직 나라를 위해, 검소하게 살다가 갔다. 는 기록을 찾을 수 있었다.

 어느덧 어둠이 몰려오고 거리는 휘 황 찬란히 빛났다. 하노이는 자동차보다 더 많은 오토바이가 거리를 꽉 채우고 있었다. 보행자도로도 신호등도 거의 보이지 않았지만 모두 천천히만 가면 사고 없는 거리를 만든다고 했다. 우리도 천천히 오토바이 물결을 헤치고 하노이의 아름다운 야경을 구경하고 커피가 맛있기로 유명하다는 카페 '콩'에서 마지막 베트남 음식인 커피를 마실 때 짜증 섞인 4살배기 손주 목소리가 들려왔다.
 "이제 집에 좀 가자. 멋진 호텔 말고 진짜 우리 집 15동

103호에."

　피곤해도 여행은 즐겁다던 손주가 지칠 대로 지쳤나 보다. 자정이 넘어 한국으로 오는 비행기를 타고 3대가 함께 한 첫 해외여행은 끝이 났다.

　*여행은 즐거움이지만 언제나 다 기록할 수 없고 핵심만 적다 보니 글의 재미가 없다. 그러나 이렇게라도 기록해 놓으면 추억을 끄집어낼 수 있어 좋다.

혼자 떠나보는 여행

  나에게 역마살이 발동한 그날은 아버지 파제사罷祭祀였다.
  남동생 집이 있는 진주(개양) 버스터미널에서 서울행 대신 통영행 버스를 탔다. 한 시간 정도 달려서 통영에 도착하니 늦은 오후였다.
  여객선 터미널로 가서 한번은 가보고 싶었던 연화도 배편을 알아두었다. 맛있는 저녁을 먹고 싶어 꽤 유명한 식당을 찾아갔더니 1인분은 팔지 않는다고 했다. 혼자서는 맛있는 것 먹기도 참 어렵다는 생각을 하고 작은 식당에서 해물탕을 먹었다. 의외로 해물들이 가득 들어 있어서 맛있었다.

저녁을 먹고 혼자서 호텔이나 모텔 같은 곳을 가는 게 익숙하지 않아서 찜질방에서 하룻밤 지내기로 했다. 찜질방은 제법 많은 사람으로 붐볐다. 나처럼 배낭을 머리맡에 두고 있는 사람들은 여행객들인가 보다 하고 잠을 청했다. 그런데 내가 혼자라서 그런지 뭇 시선들이 따갑다. 밤새 자는 둥 마는 둥 배낭을 끌어안고 뒤척이다가 이른 아침 여객선터미널로 갔다. 그곳에서 충무김밥 한 줄과 우동 한 그릇을 먹고 배에 올랐다.

욕지도와 연화로 가는 카페리호는 신선한 아침 공기와 햇살에 반짝이는 푸른 바다를 가르며 흰 물결을 일으켰다. 뱃멀미를 핑계 삼아 뱃전에 나와 바다를 눈에 담는 동안 갈매기들도 부서지는 물살 위에서 푸드덕거리며 날갯짓을 했다. 한 시간 정도 걸렸을까? 배에서 만난 욕지도 아저씨의 욕지도 자랑을 뒷전으로 하고 연화도에 내렸다.

연꽃을 닮았다고 해서 연화도라고 부른다는 이 섬은 전설의 섬이고 낭만의 섬이라고 한다.

조선중기 억불정책으로 남해로 피신하여 보리암에서 기도하던 사명대사를 여동생(보운)과 아내(보월) 사랑하던(보련)이 찾아와 만나게 된다. 이것을 불연佛緣이라 생각한 사명대사는 함께 연화도로 와서 토굴 속에서 수도 정진하고 득도하였다고 한다. 사명대사는 임진왜란이 발발할 것을 예측하고 해상 지리법 거북선건조법 등을 이순신 장군과 수군들에게 알려주었다고 한다.(연화도 전설) 지금도 연화도에는 세 여인의 법명을 딴 보운의길 보월의길 보련의 길이 있다.

나는 터미널에서 멀지 않은 후박나무 군락지를 지나 연화사에 잠깐 들려 삼배三拜하고 차도와 등산로가 함께 이어진 능선 길을 걸으면서 연화도의 쪽빛 바다를 가슴에 담았다. 뭐라 표현할 수 없이 아름답다. 이 길은 얕은 능선이었지만 길 위에서 양쪽으로 바다를 다 바라볼 수 있었다. 언덕배기 아래로 방목한 염소들이 자유로이 풀을 뜯고 있는 모습이 정겨웠다.

잠시 쉼터에서 쉬었다가 보련의 길을 따라 걸었다. 보련의 길은 차가 다닐 수 없는 작은 숲길이었다. 앙증스러운 야생화들과 눈에 익은 하얀 산국山菊이 '혼자라도 괜찮아!' 하고 나를 위로해 주는 것 같다. 아들딸 바위와 망부석을 지나 연화도의 명물 출렁다리를 건넜다. 다리를 끝으로 통영 팔경의 하나인 용머리 바위가 바다 위에서 그 멋스러움을 뽐내고 있었다. 연화도 구석구석 다 볼 수는 없었지만 세 시간 정도 걸린 산책 같은 산행은 내 마음을 편안하게 쓰다듬어 주었다. 다시 통영으로 나왔다.

통영 서호시장 앞에서 버스를 타고 가오치항으로 향했다. 이곳에 사량도로 가는 여객선이 있다. 배 이름도 사량호다. 신분을 기록하고 배를 타니 40분 정도 바다를 가로지른 끝에 섬에 도착할 수 있었다.

사량도, 이름이 참 예쁘다고 생각했다. 그러나 말맛하고는 다르게 사량도란 이름은 이 섬의 상도와 하도를 흐르는 물길이 긴 뱀처럼 구불구불하다 하여 사량 해협이라고 했던 옛 이름에서 유래되었다고 한다.

나는 상도에서 내렸다. 등산코스가 괜찮은 이곳 산을 오를 생각이었다.

섬 안의 교통편은 마을 사람들이 이용하는 마을버스 한 대와 영업을 하는 승합차 한 대가 있었다.

"혼자 오셨어요?"

승합차 기사가 묻는다. 그렇다고 대답하자 혼자는 위험하고 등산로 입구까지는 차를 타고 가야 산타기가 쉽단다.

차비가 꽤 비싸다. 기사는 친절하게도 잠시 기다려 보라더니 함께 갈 사람을 찾는다. 마침 등산로 근처 마을까지 가는 손님이 있다고 같이 가자고 했다. 차비를 받지 않고 명함 한 장을 건네준다. 가는 길에 태워준 거라 받지 않겠단다. 그 명함 전화번호에는 민박집과 승합차가 나란히 올라 있었다.

상도 전체 산행을 하기엔 출발시각이 늦기도 하고 혼자라 겁도 약간 났다. 그래서 중간쯤 되는 옥동에서 시작해서 성자암을 지나서 지리산(사량도 지리산) 쪽은 가지 않고 월암봉 꼭대기까지 올랐다. 여기서부턴 산꼭대기 능선을 타고 양쪽 바다를 보면서 산행을 했다. 가마봉을 지나 옥녀봉에 다다르니 오른쪽엔 사량 해협이 왼쪽엔 대항해수욕장이 그림처럼 펼쳐졌다. 반짝거리며 햇살에 빛나는 바다는 이탈리아 카프리섬에서 본 가슴 설레던 물빛 못지않게 아름다운 우리 바다의 쪽빛이었다.

혼자서 산행을 하는 동안, 출렁출렁 흔들리던 연화도와는 또 다른 출렁다리, 온통 칼날 같은 돌로 이루어진 잡을 곳 하나 없던 바위산, 직각으로 용접한 수직 철 계단 등은 내 가슴과 다리를 후들후들 떨리게 했다. 하지만 제일 무서웠던 건 주중이라 등산객이 거의 없는 산에서 만나는 낯선 남자였다.

섬에서 하룻밤 자 보고 싶다는 생각이 들었다. 섬의 밤바다 이야기를 듣고 싶었다. 아까 받은 명함을 보고 전화를 했다.

"아저씨, 아까 그 아줌만데요. 방 있어요? 구경할 만한 곳도 알려주세요."

아저씨는 방이 있다면서 날이 저물고 있으니 마을버스로 섬 전체를 한번 둘러보란다.

버스를 타고 섬을 한 바퀴 돌면서 사량도의 저녁 풍경을 감상했다. 버스 기사한테 갯벌 체험 행사가 있냐고 물어보니 지금은 없지만, 민박집 아저씨가 갈치낚시를 잘한다고 한다. 갈치낚시라! 멋진 밤이 될 것 같았다.

민박집에서 저녁을 먹고 잠깐 이야기를 나누다 보니 아저씨는 혼자 산다. 갑자기 두려웠다. 저녁 식사 후 아저씨는 갈치낚시를 가자며 준비를 했다. 나는 산행을 해서 너무 피곤하다는 핑계를 대고 문을 꽁꽁 걸어 잠그고 바깥 동정을 살피며 오늘도 숙소를 잘못 선택했다고 후회했다.

친구라도 있었으면 갈치낚시를 체험해볼 수 있는데 좀 아쉽기도 했다. 섬에서 느껴보고 싶은 밤바다와 섬에서 하룻밤 자보고 싶다는 낭만은 민박집 주인이 이혼남이라는 말을 듣는 순간 사라져버렸다.

다음 날 아침 아저씨는 내게 아침을 챙겨주고 승합차로 여객 터미널까지 태워 주었다. 그리고 담에 또 사량도에 놀러 오라고 했다.

나는 저 친절하고 고마운 아저씨가 혼자서 살고 있다는 이유만으로 잔뜩 경계 하고 쓸데없는 두려움을 느낀 데 대해 살짝 미안했다. 하지만 온갖 생각과 두려움으로 가슴이 쿵쾅거렸음은 어쩔 수 없는 사실이었다.

사량호를 타고 다시 통영으로 나왔다. 동피랑 벽화마을에서 동화 속 아이처럼 천사의 날개도 달아 보았다. 한려수도 조망 케이블카를 타고 미륵산에 올라서 한려해상 국립공원의 아름다움에 빠져들고 통영 시내 관광도 즐겼다.

끝으로 서호 전통시장을 기웃거리며 그곳의 특산물을 구경하고 통영의 명물 꿀빵 한 상자를 사서 밤차를 타고 집으로 향했다.

역마살은 일단정지다.

서평

박정옥의 첫 수필집
『가죽 벨트가 있던 이발소를』를 읽고

정진권
수필가, 한국체대 명예교수

서평

박정옥의 첫 수필집
『가죽 벨트가 있던 이발소를』를 읽고

정진권
수필가, 한국체대 명예교수

 박정옥은 2012년 『한국산문』을 통해 등단한 수필가다. 그가 첫 수필집을 낸다면서 내게 그 원고를 보여 주었다. 나는 그와 함께 공부하는 인연으로 여기 독후감 몇 줄을 적어 그의 첫 수필집의 출간을 축하하려고 한다.

 Ⅰ.
 박정옥의 이 책엔 많은 인물들이 등장한다.

그 인물들 중 아주 짠하게 떠오르는 인물이 하나 있다. 작가의 아버지다. 아버지는 농부, 늘 지게를 지고 힘들게 일을 한다. 그러다 병을 얻어 병원에 눕는다. 박정옥은 그 해 자기 생일에 그런 아버지에게 전화를 한다.

전화기 너머 엄마 목소리가 들린다. '여보, 서울 있는 큰애, 전화 받아 봐요.
"아버지!"
"누고?"
"아버지 큰딸이지. 오늘 내 생일이라서. 아버지 나 낳아 주시고 잘 길러주셔서 고맙다고 전화했지."
"그래 오늘 니 생일이제. 생일 축하한다."
"아버지, 빨리 나아야지. 억지로라도 드시고. 아버지, 사랑해! 억수로 많이."
아버지와 나눈 마지막 대화였다. 아버지께 사랑한다는 말도 난생처음 했다. 내 자식과 남편에게 수없이 남발하던 '사랑해'라는 말을 아버지에게는 한 번밖에 하지 못했다..

―「아버지의 지게」

아버지에 대한 그리움이 짠하게 다가온다. 왜 사랑한다

는 말 좀 더 하지 못했을까? 회한에 잠기는 작가의 모습이 또 붓 끝에 어린다. 같은 글에서 박정옥은 "애지랑을 떨며 쫄랑쫄랑 아버지를 따라다니던 나는 지게가 보이지 않도록 짊어진 볏단과 푸른 심줄이 울퉁불퉁한 아버지 장딴지가 자꾸만 눈에 들어왔다."고 한다. 아버지의 대한 어린 연민이 또 짠하다.

하나 더-. 초가을이 되어 벼가 익기 시작하면 논에 갈 필요가 없다. 물 댈 일이 없으니까. 그래도 아버지는 논으로 향한다. 아버지의 살갗은 더욱 검고 거칠어진다. 어린 박정옥은 그게 안타깝다.

"아버지, 이제 물 안 대도 되는데 논에는 왜 자꾸 갑니꺼?"
"왜 가긴, 아버지가 안 가면 나락이 안 큰다. 곡식은 사람 발자국 소리를 듣고 자라는 기라."
-「절논 두 마지기」

이 한 장면은, 검고 거칠어진 아버지의 살갗을 바라보는 어린 딸내미의 연민과 곡식은 사람의 발자국 소리를 듣고 자란다는 아버지의 깨달음을 함께 드러낸다. 아름답고(연민) 숭고한(깨달음) 한 폭의 그림이다.

어머니의 모습도 참 짠하게 떠오른다. 어머니는 80 가까운 노인, 어떻게 땅을 놀리느냐며 시골에서 농사를 짓는다. 박정옥은 한때 그 어머니와 불화不和한 일이 있다. 그러나 지금은 연민뿐이다.

  십여 년에 걸친 아버지 병간호와 불같은 아버지 성격을 받아 주느라 지친 엄마에게 입버릇처럼 나는 말했었다.
  "엄마, 힘들지만 조금만 더 힘내세요. 아버지 낫고 나면 우리 함께 여행도 가고 재미있게 살아요."
  끝내 아버지는 돌아가셨다. 그리고 삼 년이 지났지만 아직도 난 그 약속을 지키지 못하고 있다. 이제라도 엄마와 함께 여행도 하고 맛난 것도 사 먹고 시집간 내 딸 흉이라도 봐야 할까 보다. 제 아들은 끔찍이 사랑하면서 엄마 마음 몰라주는 야속한 딸이라고. 그리고 엄마 손 꼭 잡고 엄마를 많이 사랑한다는 말도 해야겠다.
  너무 늦기 전에.
             -「아직도 지키지 못한 약속」

엄마 마음 몰라주는 야속한 딸, 그게 누군가? 이 말은 중의법重義法, 내 딸이면서 엄마 딸인 나다. 작가는 같은 글에서 "엄마도 고운 꿈이 있고 예뻐지고 싶은 여자인 것을 생각조차" 하지 않은 자신을 돌아보며 아픈 후회에 잠긴다.

-너무 늦기 전에-, 나는 이 한마디에 가슴이 찡했다.

하나 더-. 박정옥의 네살짜리 어린 동생 남숙이 심한 열로 사경을 헤맸다(홍역이었다). 어머니는 안 되겠다 싶어 그런 남숙일 들쳐 업고 20리가 넘는 면 소재지 보건소를 향했다. 그리고 -.

> 돌아오는 길에 축 늘어진 몸뚱이로 엄마 등에 매달려 있는 동생이 들릴 듯 말듯이 한 마지막 말은 물을 달란 소리었다.
> "엄마, 물."
> "그래, 조금만 참아. 외갓집에 가서 먹자."
> 면 소재지서 우리 집으로 오는 중간지점에 외갓집이 있었다. 엄마가 외갓집에 도착했을 땐 이미 새벽이었는데 땀으로 범벅이 된 엄마 몸과는 반대로 동생의 몸은 싸늘히 식어 있었다.
> -「엄마의 아미타불」

어린 자식을 잃은 그 어머니의 슬픔-. 박정옥은 같은 글에서 "동생을 외갓집 동네 동산에 묻을 때 엄마의 가슴속에는 커다란 혹 하나가 생겼다./ 그 혹은 언제나 엄마를 짓누르는 돌덩이였다."고 했다. 이 한마디엔 어머니의 그 슬픔에 대한 안타까운 연민이 짙게 배어 있다.

이제 나는 참 하고 싶지 않은 이야기 하나를 해야겠다. 그의 남편 이야기-. 그는 박정옥을 남겨 놓고 먼저 갔다. 다음에 보이는 글A, B, C는 다 박정옥의 「그립고 그립다」에서 초록한 것이다.

 A. "웬 화분?"
 커다란 초록색 화분을 안고 땀을 뻘뻘 흘리면서 현관으로 들어서는 그에게 물었다.
 "당신 생일이잖아! 장미는 금세 시들어서-."
 이건 뜻밖이다. 사무실 앞에서 샀다고 한다. 지하철과 버스를 타고도 십 분은 족히 걸어야 하는 거리, 더군다나 퇴근길 지하철은 지옥철이 아닌가? 자동차라도 운전해가던지. 이쯤 되면 우직함이 도를 지나 미련하다는 게 옳다.
 B. 지난여름, 미국서 공부하는 큰딸이 왔을 때 가족이

함께 그를 만나고 왔다. 향기는 없었지만 생화보다 더 화려한 색을 뿜냈던 조화는 자주 들르지 않는 나를 원망하는 듯 색이 바래져 있었다. 딸들이 그가 좋아하던 빨간색 꽃으로 한 다발 사다가 바꾸어 주었다.

 그해 겨울은 유난히도 추웠다. 하얀 눈이 쌓인 산자락에 그를 홀로 두고 오면서 그때도 '미안하다. 미안하다.'는 말밖에 할 수 없었다. 그래서인지 나는 해마다 겨울 앓이를 한다.

 C. 산세비에리아도 여전히 씩씩하게 그 초록 화분에서 버티고 있는데, 아주 작은 사소한 것들에서도 희망을 찾던 우리는 꿈속에서만 만날 수 있었다.

 하지만 이제 꿈에서 그를 만나고 싶지 않다. 밤잠 설치지 않고 온전히 그를 보내주고 싶다.

 우선 글 A. 박정옥이 남편에게 생일선물을 받는다. 선물은 커다란 초록 화분. 그러나 박정옥은 오히려 이 무거운 걸 어떻게 들고 왔느냐며 남편의 우직함이 도를 지나 미련하다고 타박한다. 물론 속으로 그랬을 것이다. 나는 이 글을 읽으면서 미소를 금할 수 없었다. 타박하는 박정옥이 퍽도 귀여운 아내로 떠올랐기 때문이다. 행복한 푸념이다.

기쁜 반어법反語法-.

　글 B는 두 따님과 함께 남편의 묘소를 찾은 내용이다. 따님들은 무덤의 색 바랜 조화를 생전에 아빠가 좋아하던 빨간 꽃으로 바꾸어 놓는다. 역시 짠한 장면이다. 그러나 내가 정말 마음 아팠던 것은 하얀 눈 쌓인 산자락에 남편을 홀로 두고 오면서 미안하다고 하는 박정옥의 모습, "나는 해마다 겨울 앓이를 한다."는 그의 한마디에서다. 아픈 그리움이다.

　끝으로 글 C. 박정옥은 꿈속에서만이라도 남편을 만날 수 있었다. 그러나 이젠 꿈속에서도 만나기 싫다고 한다. 밤잠 설치지 않고 온전히 그를 보내주고 싶어서다. 그렇다. 그럴 것이다. 그러나 그럴 수 없을 것이다. 슬픈 반어법-.

　박정옥의 책 속엔 저자인 박정옥을, 아니 우리 독자를 슬프게 하는 인물들이 많다. 시어머니(「나의 시어머니」), 시동생(「늦가을과 초가을 사이」), 어느 할머니와 할아버지(「601병동 53호」) 등등.

그러나 이젠 슬픔에서 깨어나 기쁨을 주는 인물 하나 찾아보자. 아주 큰 기쁨을 주는 인물이다.

  A. 나는 지금 사랑하는 사람과 데이트 중이다.
  내가 그를 처음 만난 것은 2013년이었다. 먼저 사진으로 보았는데 참 잘 생겼다. 설렘과 환희로 그를 만나러 갔더니 눈만 내리감고 아무 말도 하지 않았다. 짧은 만남을 뒤로 하고 아쉽게 헤어졌다.
-「별을 땄어요」

  B. 3년이 지난 어느 날 밤 그가 하늘을 향해 손을 뻗더니 급히 나를 불렀다.
  "빨리 와서 손을 펴보세요. 별을 땄어요. 할머니 주려고요."
  조그만 주먹을 나의 손바닥 위에 올려놓는다. 나는 울컥 목이 메었다.
  누가 나를 위해 별을 따준 사람이 있었던가? 이처럼 멋지고 사랑스러운 그는 나의 첫 손주다.
-위 글

  C. 우리는 수시로 창문 아래 텃밭에 나가 토마토를 살펴보고 잡초도 뽑았다.

"할머니, 벌레는 어떻게 해요?"

"음~ 승규 생각엔 어떻게 하면 좋을까?"

벌레가 식물 위에 붙어 있는 걸 본 손주의 물음에 어떻게 답할까 당황했던 적도 있었다. 그러던 어느 날 베란다 창문까지 고개를 들이민 토마토 줄기에 열매가 맺혀 있었다. 놀란 나는 호들갑을 떨었다.

"모두 나와 봐. 토마토가 열렸어!"

식구들이 주르르 창가로 와서 초록빛의 작은 토마토를 신기하게 바라보았다.

-「살아 있었구나」

    나는 글 A를 처음 보았을 때 박정옥에게 애인이 생겼나 했다. 그리고 글 B를 읽으면서 내가 깜빡 속은 것을 알았다. 탁월한 기교다. 이건 갓 태어난 아기를 보러 병원 다녀온 이야기다. 박정옥의 가슴이 기쁨으로 충만하지 않았다면 이런 기교는 생각지 못했을 것이다.

    글 B는 감동이다. 저자가 울컥 목이 메일 만큼-.

    글 C는 기쁨이다. 손주와 텃밭에 나가 토마토를 보고 잡초를 뽑는 것도 기쁨, 손주의 질문에 당황했던 것도 기쁨, 식구들이 주르르 창가로 나와 신기하게 토마토를 보는 것도 기쁨이다. 이 기쁜 분위기 속에서 손주는 좋이 성장할 것이다.

Ⅱ.

자, 화제 좀 바꾸자.

박정옥의 이 책엔 고향을 그린 글이 많다. 작가는 경상도고 나는 충청도지만 그 고향의 모습은 거의 같다. 나는 이 책을 읽으면 여러 번 향수에 젖었다. 몇 예 들어보자.

> 그(배달부)가 커다란 고동색 가방을 자전거에 싣고 딸랑 딸랑 소리를 내면서 마을 어귀로 들어서면 들에서 일하던 사람들도 허리를 펴고 일어서서 물어본다.
> "어이 배달부, 우리 집 편지 있는가?"
> "아저씨, 우리 집에 편지 왔어요?"
> 때로는 배달부가 먼저 논밭을 향해 소리쳐 부르기도 한다. 그럴 땐 전보나 등기가 왔을 때다.
> ―「배달부와 손편지」

고동색 가방을 자전거에 싣고 딸랑거리던 배달부는 사람

들의 기다림의 표상이었다. 그러나 지금은 그리움 속으로 멀리 사라지고 없다. 스마트폰, e메일이 판을 치는 세상이다. 하얀 봉투에 파란 잉크로 이름, 주소 쓴 편지 한 통, 옛날 그 배달부한테 받아보고 싶지 않은가?

 아버지는 감나무 높은 곳까지 올라가서 감을 땄다.
 감나무가 있던 밭은 신작로 옆이라 지나가는 사람들이 많았다.
 "오늘 감 따능교?"
 "여기 와서 홍시 하나 묵고 가소."
 엄마는 옆으로 골라두었던 잘 익은 홍시 두어 개를 지나가던 낯선 이에게 건네준다.
-「고향 감나무」

 홍시 두어 개가 별것은 아니지만 얼마나 훈훈한 인심인가? 그러나 지금은 홍시 하나 먹고 가라는 여유 있는 사람도 없고 먹고 가란다고 먹고 가는 한가로운 사람도 없다. 세상이 바빠지고 야박해져 어쩔 수 없는 일이긴 하지만 무슨 소중한 것을 잃은 것 같아 좀 허전하다.

이 밖에 빈병 주고 엿 바꿔 먹고 엿장수 놀리는 이야기 (「엿쟁이 똥쟁이」), 밤이면 팥죽, 동치미 등 먹을 것 서리하는 이야기((「서리하다」), 보름 날 이야기(「보름밥」) 옛날 이발소의 풍경을 그린 글 (「가죽 벨트가 있던 이발소」) 등도 다 향수를 불러일으키는 작품들이다.

Ⅲ.

자, 화제 한 번 더 바꾸자.

이제 나는 아버지, 어머니의 딸, 남편의 아내, 손주의 할머니, 누구의 누구임을 떠나서 한 인간으로서의 박정옥의 한 면을 말해 보고자 한다.

그는 우선 솔직한 사람으로 떠오른다.

> 요즘 와서 최소한의 것만 가지고 살아야겠다는 생각을 많이 한다.
> 하지만 더 이상 물건을 사지 않겠다는 건 생각뿐이다. 가끔은 생각보다 더 빠르게 손이 일을 저지른다. 집안에 가만히 있어도 여러 매체는 어쩜 유혹을 그리 잘하는지.
> 가장 큰 문제는 물질적인 것이 아니라 마음 깊숙이 숨

어 있는 아집이었다. 잊어버려야 하는 데 절대로 잊히지 않는 것들, 용서해야 하는데 용서가 안 되는 일들, 사소한 상처마저도 쉽게 치료되지 않는 마음의 병이었다.
-「버리고 버리기」

　자신의 약점을 이렇게 솔직하게 드러낸 글을 나는 많이 보지 못했다. 우리들 범인凡人은 다 이런 약점들을 지니고 살아가지만 이렇게 솔직하게 고백하는 일은 드물다. 우리가 앞에서 본 그의 글들도 이렇다 할 가식이 없다.
　다음, 그는 행복관幸福觀, 또는 꿈이 퍽 겸허한 사람으로 떠오른다.

　갓 구운 따뜻한 빵을 먹는 것도, 식물을 가꾸면서 꽃대 하나 발견하는 것도, 이불 속에 발 넣고 군것질하며 텔레비전 영화 한 편 보는 것도, 물안개나 계절의 변화를 보며 산책하는 것도 모두 내가 소소하지만 확실하게 만들 수 있는 행복이다.
-「소확행」

　박정옥의 행복을 구성하는 것들은 모두 사소한 것들이

다. 겸허하다. 그에게는 '잊히고 사라지는 것과 일상 속의 잔잔한 이야기를 가슴 따뜻하게 데워줄 글을 쓰는 글쟁이로 인정받는' 꿈이 있다. 천하를 감동으로 몰아넣는 거대한 꿈이 아니고 가슴 따뜻하게 데워줄 꿈이다. 역시 겸허한 꿈이다.

이제 이 글을 마쳐야겠다. 나는 그의 「9회말 2사후」, 「수도꼭지 고장 났어요?」, 「601병동 53호」, 「배냇저고리」, 「한강변에서 만난 참게」 같은 글, 그의 국내외 기행문에 관해서도 이야기하고 싶었지만 아둔한 착상, 거친 내 이 글이 너무 지루할 것 같아 그건 박정옥을 사랑하는 많은 예민한 독자들에게 맡기기로 한다. 그들은 내가 미처 말하지 못한 박정옥의 수필세계를 환히 열어 보일 것이다.

박정옥의 문운을 빈다.

박정옥 수필집

가죽 벨트가 있던 이발소

인쇄 2018년 6월 1일
발행 2018년 6월 5일

지은이 박정옥
발행인 서정환
펴낸곳 수필과비평사
주소 서울시 종로구 삼일대로 32길 36(익선동 30-6 운현신화타워 빌딩) 305호
전화 (02) 3675-5633, (063) 275-4000, 275-0484
팩스 (063) 274-3131
이메일 sina321@hanmail.net, essay321@hanmail.net
출판등록 제300-2013-133호
인쇄·제본 신아출판사

저작권자 ⓒ 2018, 박정옥
이 책의 저작권은 저자에게 있습니다. 서면에 의한 저자의 허락없이 내용의 일부를 인용하거나 발췌하는 것을 금합니다.
COPYRIGHT ⓒ 2018, by Bak Jeongok
All right reserved including the rights of reproduction in whole or in part in any form.
저자와 협의, 인지는 생략합니다.
잘못된 책은 바꿔 드립니다.

ISBN 979-11-5933-160-2 03810
값 15,000 원

「이 도서의 국립중앙도서관 출판예정도서목록(CIP)은 서지정보유통지원시스템 홈페이지 (http://seoji.nl.go.kr)와 국가자료공동목록시스템(http://www.nl.go.kr/kolisnet)에서 이용하실 수 있습니다.(CIP제어번호: CIP 2018017011)」

Printed in KOREA